열정과 꿈만 가지고 창업하라는 무책임한 창업 전도사의 책이 아니다. 이 책은 진정성 있는 창업 과정을 담고 있어 예비사업가들의 바로미터가 되지 않을까 싶다.

처음 저자를 만났을 때, 그는 빚을 지고 어렵게 사업을 준비하는 앳된 청년이었다. 그게 불과 3년 전이다. 3년만에 이렇게 멋진 사업적인 성과를 만들어냈다는 것에 놀라움을 금치 못한다. 이 책에 는 신동민 대표의 3년간의 사업 노하우가 고스란히 담겨있다. 지금 사업을 준비하는 사람들이라 면 꼭 읽어보기를 강력히 추천한다.

성공은 실천을 통해 이루어진다. 그리고 실천은 강렬한 열망에서 시작된다. 강렬한 열망이 있어 야 신념이 생기고 비로소 실천에 옮길 수 있다. 만약 어떤 목표가 있지만 실천을 못하고 있다면 지금 당장 이 책을 읽어보라고 권하고 싶다. 아니. 반드시 읽어야 한다.

내가 다시 사업을 시작한다면 이 책만한 길잡이가 없지 않을까? 저자의 인생 스토리가 고스란히 녹아 있는 책이다. 새롭게 창업을 준비하고 있다면 누구나 다 읽어야 될 참고서라고 감히 말할 수 있다!

기존에 나와 있는 무작정 열심히 하라는 식의 뜬금없는 내용이 아닌 저자의 실제 경험에 의한 내 용을 담고 있어 사업가들이라면 100% 공감할 것이다. 큰 꿈을 가지고 처음 사업의 첫발을 내딛 는 분이라면 이 책이 하나의 좋은 가이드가 될 것이다.

이 책의 최대 장점은 사업의 패턴을 이해하고 적용시키는 데 있다. 실제로 현재 사업을 하고 있는 사업가들은 매출 증대를 위해 무엇을 해야 할지 명확하게 짚지 못하는 것에서부터 문제가 발생된 다. 막연히 마케팅 · 영업을 열심히 하라는 책은 많다. 하지만 제대로 창업을 준비하고 사업을 성 장시키고 싶다면 이 책에서 그 해답을 찾을 수 있을 것이다.

샤오야, 우리 이만 헤어지자

무자본 창업의 답을 찾다

창업, 오늘 안하면 내일도 못한다

초판 1쇄 발행　2017년　6월 30일
초판 2쇄 발행　2018년　1월 10일

지은이　신동민
펴낸이　백광옥
펴낸곳　천그루숲
등 록　2016년 8월 24일 제25100-2016-000049호

주 소　(06990) 서울시 동작구 동작대로29길 119, 110-1201
전 화　0507-1418-0784　　**팩 스**　050-4022-0784
이메일　ilove784@gmail.com　　**카카오톡**　천그루 숲

인 쇄　예림인쇄 ｜ **제 책**　바다제책

ISBN 979-11-88348-01-5 (13320) 종이책
ISBN 979-11-88348-00-8 (15320) 전자책

저작권자 ⓒ 신동민 2017~2018
이 책의 저작권은 저자에게 있습니다. 서면에 의한 저자의 허락 없이
내용의 일부를 인용하거나 발췌하는 것을 금합니다.

※ 책값은 뒤표지에 있습니다.
※ 잘못 만들어진 책은 구입하신 서점에서 교환해 드립니다.
※ 저자와의 협의하에 인지는 생략합니다.

이 노서의 국립중앙도서관 출판예징도서목록(CIP)은 서지정보유통지원시스템 홈페이지(http://seoji.
nl.go.kr)와 국가자료공동목록시스템(http://www.nl.go.kr/kolisnet)에서 이용하실 수 있습니다.
(CIP제어번호 : CIP2017013410)

창업,
오늘 안하면
내일도 못한다

| 신동민 | 지음 |

프롤로그

"
사업 같은 소리 하고 있네!
"

　사업을 구상하고 가족과 친구들, 직장동료들에게 이야기를 하면 어김없이 돌아오던 한마디였다.

　나는 사업가가 되고 싶었지만, 어떻게 그 길을 가야 하는지는 전혀 알지 못했다. 제대로 시도조차 해본 적이 없었고 실행에 옮기지도 못했다. 그저 마음속으로 사업가에 대한 동경이 만들어 낸 희망 같은 느낌만 가지고 있었다. 내가 했던 일이라고는 '사업가가 되고 싶다'고 소리치며 열심히 게임캐릭터로 몬스터를 사냥하는 정도였다.

　중학교를 다닐 때 아버지의 사업 부도로 인해 여러 아르바이트를 경험하며 많은 것을 배웠다. 주유소, 고깃집, 예식장, 주차요원 등 10대 시절 다양한 업소에서 일하면서 얻은 것은 친구들과의 유대감과 용돈이었지만, 가장 중요한 깨달음도 얻게 되었다.

　아무리 열심히 일해도 급여는 제한적이었는데, 매장에 나오지도

않는 사장님이 얼마나 벌어가는지를 우연찮게 알게 된 것이다. 나의 시간은 수입이 정해져 있었지만, 사장님의 시간은 수입에 제한이 없었다.

그때부터 나의 마음속에는 사업가에 대한 동경심이 생겨났다. 그리고 심심하면 외치고는 했다.

"

나는 사업가가 될거야!

"

하지만 외침만으로는 사업가가 될 수 없다. 진정 사업가가 되고자 한다면 자신의 사업체를 소유해야 하고 운영해야 한다. 대부분의 사람들은 그 과정이 너무 멀고 두려워 중간에 포기하고 만다. 아무리 마음속으로 사업에 대한 열망을 불태워도 직접 뛰어들지 않으면 결국 그 열망은 사그라드는 법이다. 행동은 모든 것들을 창조하는 유일한 방법이다. 성급한 열정은 무모한 행동을 불러오지만, 그로 인해 얻은 시행착오는 유일무이한 경험이 되어 고스란히 내면의 성장으로 돌아온다.

10년 전 우연히 찾아왔던 장사 아르바이트는 내 인생을 송두리째

바꿔놓았다. 아마 그 경험이 없었더라면 나는 매달 한 번 들어오는 급여를 기다리며 한 달을 보냈을 것이고, 사업은 생각조차 못했을 지도 모른다.

4년 전 모든 사업에 실패하고 빚쟁이로 전락한 그때, 천호대교 사건이 없었다면 나는 여전히 이기적인 몽상가로 하루하루를 의미 없이 보내고 있을 터였다.

이 두 가지의 사건은 나를 사업가의 길로 인도했고, 쉽지는 않았지만 천천히 그리고 바르게 사업을 해나갈 수 있는 원동력이 되었다. 그리고 항상 마음속으로 다짐했다.

> "
> 오늘이 삶의 마지막 날이라면…
> "

내가 다시 사업을 시작했을 때는 20만원의 월세방과 4,000만원의 빚이 전부였다. 낮에는 직장을 다니면서 월 200만원의 원금과 이자를 해결하고, 퇴근 후에는 노점으로 사업자금을 마련하며 발버둥을 치던 시기였다. 사업을 잘하기 위해 이미 뛰어나게 성공하신 분들에게 무작정 인터뷰를 요청하기도 하고, 주말이면 창업 관련 세미나와

강의에 참석하며 매섭게 배우고 실천했다. 이처럼 현실에 굴복하지 않고 꿈을 향해 미치도록 집중하는 자세가 결국은 좋은 결과로 이어지게 된다.

좋은 결과는 결코 아무런 이유없이 만들어지지 않는 법이다. 지금 고통스럽고 힘든 도전을 지속적으로 하고 있는가? 그렇다면 당신은 성공의 씨앗을 품고 가꾸고 있는 것이다. 도전을 포기하는 것은 누구나 할 수 있지만 도전을 지속하는 것은 특별한 자들의 전유물이다.

나의 작은 이야기를 통해 당신의 씨앗이 작은 새싹을 품고 울창한 숲을 이룬다면 나는 정말로 행복을 느낄 것이다. 이 작은 이야기를 만들기 위한 전략들은 결코 단기간에 만들어진 것이 아니다. 이러한 전략들로 인해 나는 여전히 사업을 성장시키고 있고, 새로운 사업을 만들어가고 있다. 내게 있어 사업은 어려운 일이 아니라 재미있고 신나는 모험 같은 일이 되었다. 함께 모험을 떠날 준비가 되었는가? 당신의 인생도 즐거운 여행처럼 변하길 바란다!

이 책은 크게 세 파트로 구성되어 있다.

우선 PART 1에는 사업이 뭔지도 모르고 열정 하나만으로 좌충우돌했던 나의 사업이야기를 담고 있다. PART 2에는 사업을 하며 느꼈던 창업자에게 필요한 자질에 대해 나의 경험을 통해 전해주고 싶은

이야기들을 정리해 보았다. 그리고 PART 3에는 여러 번의 창업을 하며 얻은 나만의 성공노하우를 정리해 보았다.

이러한 나의 작은 이야기가 새로운 섬을 만들고자 하는 여러분들에게 도움이 되기를 진심으로 기원한다.

마지막으로 내게 근사한 인생을 살게 해주신 우리 아버지와 어머니, 힘든 시절 언제나 나의 편이 되어 주었던 누나, 바닥에서 시작한 나와 함께 해줘서 너무 감사한 미핑기획 이단비 대표님, 미핑렌즈 양승희 대표님, 미핑벨로 최경찬 대표님, 미핑부동산 조수희 대표님, 정재옥 매니저님, 문준수 이사님과 항상 재미있는 스토리를 그려주는 미핑그룹 임직원들, 강의사업의 길을 열어주신 심길후 회장님, 친구같은 편안함으로 길잡이가 되어 주시는 김주하 대표님, 친형처럼 사업의 맥을 알려주시는 노태경 대표님, 책을 쓰도록 도움주신 백광옥 대표님, 그 외에도 사업의 성장에 도움을 주신 모든 분들에게 이 감사한 마음을 전하고 싶다.

신동민

차 례

프롤로그   4

PART 1 사업 같은 소리 하고 있네!

01 장사 한 번 해보지 않을래?   15
02 게임머니, 이거 잘하면 돈 좀 되겠는데   27
03 20분 후 강의 시작이야. 한 번 들어보자   35
04 사기 당하는 사람들은 좀 모자란거 아니야?   46
05 그렇게 한강 깊이 빨려 들어갔다   54
06 아저씨, 그거 어떻게 하는 거예요?   67
07 제가 1시부터 공원에서 강의를 합니다   80
08 혹시 저 혼자 강의를 듣는 건가요?   90
09 머뭇거릴 시간이 없다. 바로 시작하라!   97

PART 2 내일을 위해 오늘 시작하라

1장 ● 우물 밖을 벗어나라

01 시대의 흐름을 읽어라   109

02 사회의 올가미에서 과감히 벗어나라　115
03 결과가 아닌 과정에서 부가 쌓인다　119

2장 ● 창업자의 실력을 기르는 4가지 습관

01 가장 효율적인 공부는 독서다　127
　Tip 지식과 지혜를 쌓는 독서법　131
02 시장의 흐름을 파악하라　134
　Tip 시장의 흐름을 읽는 방법　139
03 생각의 늪에 빠져라　141
　Tip 나만의 차별화 전략을 찾는 방법　146
04 생생하게 계획하고 실행 · 반복하라　149
　Tip 결과를 만들어내는 방법　152

3장 ● 나만의 항로를 그려라

01 인생 최대의 기회는 바로 지금이다　157
02 지금 당장 시작하라　161
03 새로운 사업에 다시 도전하라　168

PART 3　나만의 새로운 섬을 만들어라

1장 ● 철저하게 준비하라

01 비즈니스 모델을 찾아라　173

02 사업계획서를 작성하라   191

　　Tip **사업계획서 작성을 위해 던져봐야 할 질문들**   195

3. 팀 빌딩을 하라   199

　　Tip **좋은 팀원을 찾기 위해 해야 할 일들**   205

2장 ● 미친 듯이 실행하라

01 고객이 원하는 제품을 만들어라   209

　　Tip **소통을 통한 사업 아이디어 구축사례**   213

02 메인플랫폼을 만들어라   216

　　Tip **메인플랫폼 구축프로세스**   221

03 마케팅 전략을 세우고 실행하라   224

　　Tip **마케팅의 3가지 본질**   231

04 고객과 소통하며 판매전략을 구축하라   234

　　Tip **판매를 증진시키는 고객후기의 구성과 방법**   238

05 끊임없이 반복하라   240

　　Tip **완전히 새로운 사업을 시작하는 방법**   244

부록 1 〈미핑캠퍼스〉 비즈니스 모델 구축사례   246

부록 2 〈미핑렌즈〉 사업계획서 사례   256

에필로그 꿈을 이루며   265

Start up

PART 1

장사 한 번 해보지 않을래?

스무살, 나는 한국체육대학교 신입생이었다. 고등학교 때는 경험하지 못한 캠퍼스 문화에 집안의 힘든 사정은 점점 잊어갔다. 여느 신입생들과 다를 것 없이 나는 즐겁게 대학생활을 보냈다. 특히 나에게 가장 신선했던 것은 평소 즐기지 못했던 특별한 기술들을 배우는 것이었다.

내가 대학에서 배웠던 특별한 기술들은 수영, 스키 그리고 스쿠버다이빙 등등 스포츠와 관련된 것이었다. 그런 특별한 기술을 얻고 난 후로는 더 이상 최저시급의 아르바이트는 하지 않게 되었다. 당시 시급 2만원이면 상당히 높은 편에 속했고, 나는 그런 아르바이트를 원하는 대로 할 수 있었다. 당시에는 아주 신이 나서 일을 했고, 남들이

3시간 동안 일해야 벌 수 있던 돈을 1시간이면 번다는 생각에 부자가 된 느낌이었다. 하지만 언제나 그랬듯, 나는 여전히 누군가에게 시간을 저당잡히고 그에 맞는 급여를 받았다. 즉, 시급이 높아졌을 뿐 나는 여전히 사업가가 아닌 일개 알바생이었다. 허나 어쩌겠는가. 사업이나 장사를 하고 싶어도 개념조차 알지 못했는데 말이다.

그렇게 여름방학이 왔고, 여름 시즌 야외수영장 아르바이트를 하게 되었다. 파주시에 위치한 금강산랜드라는 테마파크에서 여름 시즌 야외수영장을 오픈했는데, 안전요원이 반드시 필요했다. 그래서 우리 수영동아리 30여 명이 단체로 들어가 합숙을 하며 아르바이트를 하게 되었다.

야외수영장에는 간단한 음식을 먹을 수 있는 푸드코트가 있었다. 철이 없고 배고팠던 우리 20대 철부지들은 모두가 떠난 수영장에서 매점 서리를 하고는 했다. 지금 생각하면 정말 못된 짓이었지만 그때 당시에는 얼마나 스릴이 있던지⋯. 밤이 오기만을 기다리기도 했다.

무더위가 계속되던 어느날 우리의 서리 표적은 아이스크림 가게가 되었고, 밤이 되자 우리는 속전속결로 서리를 멋지게 성공시켰다. 아이스크림으로 배가 불러본 적이 있는가? 참으로 신기한 기분이었다.

문제는 다음날이었다. 아이스크림 가게를 운영하시는 주인 아주머니가 하루종일 침울해 있었다. 평소에 웃으면서 우리에게 아이스크림을 하나씩 주시던 아주머니였다. 나는 너무 미안한 마음이 들었고, 모르는 척 아주머니에게 다가갔다.

"안녕하세요. 아줌마!"

아주머니는 그런 나를 보면서 힘없이 한마디를 하셨다.

"너는 아니지?"

나는 그때의 짧은 순간을 아직도 기억한다. 그때의 아주머니의 눈빛, 떨고 있던 내 손과 발, 그리고 심장까지! 숨을 쉴 정도의 짧은 순간이 1시간처럼 느껴졌던 그때를 지금도 생생하게 기억한다. 도둑이 제발 저린다고, 말까지 더듬으며 그 자리를 빠져나왔다.

하지만 하루종일 아주머니의 그 한마디가 머릿속을 맴돌았다. 난 죄책감에 못이겨 그날 밤 아이스크림 가게 앞을 청소하며 슬쩍 만원짜리 지폐 한 장을 올려놓았다. 죄책감이 한결 가벼워졌다.

다음날 아주머니를 보면서 밝게 인사했다. 죄책감이 한결 가벼워진 탓이었다. 당당했다. 당당할 줄 알았다.

"아줌마! 오늘 날씨 진짜 좋네요!"

아주머니는 그런 나를 불러서 잠깐 얘기 좀 하자고 하셨다. 사실 안전요원들이 매점 서리하는 것을 미리 다 알고 있었다고 한다. 하지만 피해가 크지 않았고 증거도 확실치 않고 또 자식같은 아이들이라서 크게 생각하지 않으려 했다고 했다. 하지만 어제는 서리의 정도가 너무 심했고, 너가 그중 하나라는 확신이 들었다고 했다.

"만원, 저거 네가 올려놓은 거지?"

나는 꿀 먹은 벙어리가 되었다. 아무 말도 하지 못했고 죄송하다고만 말씀드렸다. 머릿속이 하얗게 질렸고 내가 잘못했다는 사실이 무

겁게 다가왔다. 우리에게는 한여름 밤의 장난이었지만 그분들에게는 생업이었던 것이다. 할 말이 없었다. 나는 잘못했고, 변명 따위는 생각조차 나지 않았다. 무조건 잘못했다고 빌었다. 아주머니는 말없이 나의 고백을 들어주기만 하셨다.

그 사건 이후로, 아주머니와 나는 더욱 친해졌다. 짧은 두 달간의 여름 시즌이었지만 우리는 내년에 다시 만나자며 연락처까지 주고받았다. 실제로 연락을 주고받지는 않았지만 일종의 헤어짐의 미련이었을 거라고 생각했다. 그렇게 나의 스무살 여름은 끝이 났고, 아주머니와의 기억도 잊혀져갔다.

1년 뒤 여름은 다시 찾아왔다. 2학년이 되었던 나는 다른 수영장에서 재미있게 안전요원 알바를 했다. 후배들도 있었으니 얼마나 재미있었겠는가. 그렇게 즐겁게 일을 하던 6월, 한 통의 전화를 받았다. 1년 전 아이스크림 아주머니였다.

너무나 반가워 덜컥 받았다. 안부인사조차 나눌 시간도 없이 아주머니는 대뜸 나에게 물었다.

"

동민아! 너 일주일에 하루만 장사해 보지 않을래?

"

내 가슴은 요동치기 시작했다. 장사! 내가 얼마나 하고 싶었던 그

'장사'가 아니었는가. 그런데 아주머니께서 그 장사의 기회를 주신다는 것이었다. 덜컥 물어봤으나 나는 즉시 대답했다. 아무런 조건도 듣지 못한 상황이었다. 그래도 상관없었다.

"네, 무조건 할게요!"

아주머니는 박장대소를 하시면서 파격적인 제안을 하셨다. 휴일없이 일을 하니 너무 힘이 들어 1주일에 한 번만 맡아달라면서 말이다. 아이스크림은 개당 판매가가 2,000원이었다. 하루에 못해도 10만원은 나오니 아주머니에게 자릿세로 3만원만 주고 재료는 마음껏 쓰라고 했다. 즉, 3만원을 제외한 나머지 수익금은 모두 다 가지라는 말이었다.

나는 사실 수익도 수익이겠지만 장사라는 것을 한다는 자체에 흥분되었다. 장사라니, 내가 사장이라니. 내가 돈을 만들어 낼 수 있다니. 가슴이 쿵쾅쿵쾅 뛰었다.

> **"**
> ### 그렇게 기회는 불현듯 찾아왔다.
> **"**

결단이 빠른 내 모습이 마음에 들었는지 바로 약속을 잡았다. 그리고 약속 날 장사하는 법과 주의사항들을 배우며 하루 종일 아주머니 옆에서 장사를 도왔다. 방법이랄 것도 없었다. 왜냐하면 가만히 앉아

만 있어도 아이들과 커플들이 와서 아이스크림을 사갔기 때문이다.

그날의 매출은 12만원이 넘었다. 나는 즐거운 상상에 빠졌다. 1주일에 하루는 직원이 아닌 사장으로써 돈을 벌 수 있었기 때문이다. 게다가 가만히 앉아 있어도 하루에 7만원 정도는 쉽게 벌리는 장사였다.

첫 장사를 시작한 날, 아주머니의 방법대로 나는 가만히 앉아 있었다. 신기했다. 가만히 앉아만 있어도 사람들은 나에게 아이스크림을 주문했다. 첫 장사 때 매출은 10만원 정도였다. 너무너무 즐거웠다.

하지만 3주 정도 지나니 지루해지기 시작했다. 당시 7만원은 나에게 큰돈이 아니었다. 나는 고액(?) 알바를 해왔기 때문에 하루에 7만원은 쉽게 벌 수 있는 방법이 많았다. 가만히 앉아서 7만원을 버는 것은 좋았지만 장사는 좀더 박진감이 넘치고 생기가 넘칠 줄 알았다. 나는 장사를 통해 돈을 많이 벌어보고 싶었다.

그러다 갑자기 떠오른 생각이 나를 일깨웠다. 장사가 잘되는 때를 체크한 것인데, 이게 굉장히 재미난 결과를 가져오게 되었다. 그때 느꼈다. 순간의 번뜩임이 매출을 향상시킨다는 것을 말이다.

깊은 고민을 했다. 결론적으로 장사가 잘되는 때, 즉 잘되는 시간 따위는 없었다. 단지 매출이 크게 오르는 상황만이 존재할 뿐이었다. 그것은 간단했다. 바로 사람들이 몰리는 순간에 매출이 급격하게 증가했다. 사람들이 몰려있으면 주변의 다른 사람들도 몰려들었다. 다른 생각은 못했고, 단순했던 21살의 나는 '사람이 몰리면 매출이 증가한다. 급격하게!' 정도만 생각했다. 다시 생각에 잠겼다.

> **"**
> ## 어떻게 사람들이 몰리게 할 것인가?
> **"**

처음으로 그런 깊은 생각을 해본 것 같다. 나는 이 질문으로 3일 정도를 고민했다. 이미 평일의 안전요원 알바는 소홀해져 갔고, 당시 알바 중이던 수영장의 아이스크림 가게만 지켜보고 있었다. 그렇게 3일이 지났을 때 갑자기 좋은 방법이 떠올랐다. 가만히 손님을 기다리는 것이 아니라 이벤트를 통해 손님을 모아야 한다!

그리고 그 방법을 그대로 적용해 봤고, 놀라운 결과를 얻을 수 있었다. 하루 평균 10만원 정도 되던 나의 첫 사업은 7월부터 평균 40만원의 매출을 올렸고, 8월 둘째 주에는 130만원의 판매기록을 세웠다. 그때의 그 집요한 생각의 방법이 지금의 나를 만들게 된 큰 힘이 되지 않았나 싶다.

당시 나는 오직 사람들을 어떻게 모이게 할 것인가에 대한 생각뿐이었다. 그때 번뜩이는 생각이 스쳐 지나갔다. 혹시 경험해 본 분들도 있을 것이다. 의외로 우리의 사업 방향에 딱 맞는 그림은 경험을 바탕으로 그려지기도 한다는 사실을 말이다.

왜 경험이 중요할까? 당시에는 느낌으로만 알고 있었지만, 지금 정리를 해본다면 '나의 경험'이 고객들이 '앞으로 느낄 경험'이라는 것이다. 나는 생각했다.

'내가 어딘가로 찾아갈 때, 그때가 언제지?'

생각의 결론은 약 2시간이 지난 뒤 아주 명쾌하게 나왔다. 희망의 빛줄기가 나에게 내리쬐는 기분이었다. 그렇게 생각해낸 결론은 아주 간단했다.

> **"**
> 사람들은 공짜를 좋아한다.
> 그것도 아주 많이!
> **"**

사람들이라고 표현했지만 기본적으로 내가 그랬다. 나는 공짜를 좋아했다. 사실 다른 사람들이 공짜를 좋아하는지 어떤지는 잘 몰랐다. 다만 나의 논리에는 '내가 좋아하면 사람들도 좋아한다'라는 억지 논리가 껴있었다.

이 논리는 나쁘게 말하면 내 마음대로 생각하는 것이지만, 좋게 말하면 '이 사람 저 사람에게 모두 다 맞추는데 시간을 허비하지 않는다'로 표현할 수 있다. 여하튼 번뜩이면서 머릿속에 스친 생각은 '공짜'였다.

사람들에게 공짜로 아이스크림을 주면 된다는 생각이 떠오른 것이다. 정말 마음속으로 '이거다!' 싶었다. 그런데 무작정 공짜로 주면 안 되니, 생각해낸 것이 있었다. 그것은 엄청난 아이디어였다. 물론 내

생각에 엄청났다는 이야기이다.

>
> **한정적 공짜!**
>

　누구에게나 공짜로 주는 것이 아니라 한정적으로 공짜로 주는 것을 생각해낸 것이다. 이때는 사실 정리되어 있는 개념이 없었다. 하지만 지금 생각하면 사람들에게 재미를 느끼게 하는 '게이미피케이션'의 기법을 나도 모르게 생각해낸 것이었다. 방법은 간단했다.

　뽑기 통을 만들어서 1~10까지의 숫자가 적힌 탁구공을 넣는다. 손님은 자신이 뽑고 싶은 숫자를 말한 뒤, 그 숫자를 뽑게 되면 아이스크림을 공짜로 먹는 것이었다. 단, 수영장의 쉬는 시간인 매 50분부터 정각까지 1시간에 10분씩 진행하는 이벤트였다. 모든 것이 완벽했다. '그렇게 되면 10분간 사람들은 북새통처럼 밀려오겠지?'라는 부푼 기대를 가지고 계획을 세워 나갔다.

　"OK! 사람들이 몰려들거야!"

　나는 근무 중에 나도 모르게 소리를 질렀다. 이때까지만 해도 현실에서는 아무것도 하지 않은 상태였다. 머릿속에서 상상으로만 그런 아이디어였다. 이제 그 아이디어를 현실화시키기 위해 무엇이 필요한지 생각해야 했다.

'계획은 그럴 듯한데, 어떻게 사람들에게 매 50분마다 이벤트하는 것을 알리지?' 조력자를 찾아야 했다.

나는 또 고민을 시작했다. 그때 다시 한 번 경험에 의해서 번뜩이는 아이디어가 떠올랐다. 바로 안전요원들이 열쇠를 가지고 있었다. 나는 안전요원 근무를 할 때 가끔씩 푸드코트의 장사를 도와주고는 했다. 물론 대가가 너무 좋았기에 우리는 별 생각없이 도왔다. 그것은 바로 '공짜'였다. 지금 생각하면 노동의 대가로 음식을 받은 거였지만, 그때는 '어차피 일하는거 도우면서 해야지'라고 합리화를 하면서 공짜로 맛있게 음식들을 먹었다. 즐거웠다.

아이스크림이 너무 먹고 싶어서 늦은 밤에 서리까지 하는 안전요원들이 있었다. 나는 고민이 없어졌다. 안전요원들에게 아이스크림 무한리필을 약속하고, 매시간 휴식방송을 보낼 때마다 아이스크림 이벤트의 홍보를 부탁하면 나의 그림은 완성되었다.

다음 장사 날. 나는 머릿속으로 상상했던 그림을 현실로 바꿔나갔다. 뽑기 통은 너무나 멋지게 만들어져 있었고, 그것을 알리는 푯말 또한 이목을 끌기에 충분했다. 남은 것은 안전요원을 설득하는 것뿐이었다. 그런데 돌아오는 대답은 냉담했다.

"우리는 상권 보호를 위해 그런 것은 하지 못합니다."

'아니, 상권 보호라니?' 내가 일했던 곳과는 너무나 다른 환경이었다. 그런데 나의 그림은 그들의 지원이 없으면 불가능했다. 나는 팀장을 찾아갔다. 팀장은 나보다 훨씬 나이가 많은, 군대까지 다녀온 무섭

게 생긴 선배였다. 나는 내가 할 수 있는 비장의 카드를 내밀었다.

"알겠어요. 아이스크림 무한리필은 없던 일로 하는 대신, 팀장님에게 돈으로 드릴게요. 수익의 20%를 드리겠습니다. 도와주세요."

어떤 대답이 왔을까? 나는 어느새 팀장의 죽마고우 동생이 되어 있었다. 그때 나는 깨달았다. 상대방이 원하는 것을 제시하면 세상에 불가능은 없다는 것을 말이다. 물론 그때는 상대방이 원하는 것이 무조건 돈이라고 착각했었지만 말이다.

약간의 시행착오가 있었지만 나는 그림을 현실로 옮겼다. 사람들은 휴식시간이 되면 북새통을 이뤘다. 게다가 그 북새통은 쉬는 시간이 끝나도 계속되었다. 사람이 몰려 대기줄이 형성되니 통행이 불편하다는 민원이 들어오기까지 했다. 공짜의 위력은 대단했다. 어린아이, 어른들은 물론이고 커플들은 매 시간마다 오기까지 했다. 너무나 짜릿했다. 지난주와는 완전히 다른 날이 되어 있었다.

만약 내가 아무런 생각도 하지 않고 왔다면 지난주와 별다를 것이 없을 것이었다.

> **"**
> 21살의 어린 나이에 느꼈던
> 첫 장사의 맛이었다.
> **"**

나는 내가 한 달 동안 일해야 벌 수 있는 돈을 하루만에 벌어버리는 짜릿한 장사의 맛을 느낀 것이었다. 하지만 그때 느꼈던 그 짜릿함은 장사 때문이 아니라는 것을 나중에 깨달았다.

내가 짜릿함을 느꼈던 부분은 생각에 생각을 더해서 도출해낸 어떤 그림이 현실로 이루어졌다는 것, 그것에 나는 짜릿함을 느꼈던 것이다. 물론 부자가 되고 싶은 나에게 수익은 크나큰 재미를 더해줬다.

그렇게 나의 첫 장사의 경험은 끝이 났다. 아주머니는 나에게 장사를 계속 같이 하자고 하셨지만, 나는 여름 한철 장사라는 것을 알고 있었기에 거절했다. 게다가 나는 겨울에 스키장에 들어가야 했다.

이후에도 나는 계속 일을 했고 새로운 그림을 그리는 것 또한 멈추지 않았다.

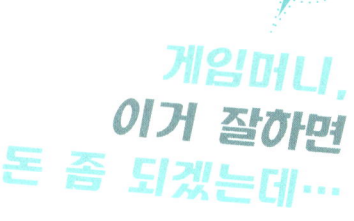

게임머니,
이거 잘하면
돈 좀 되겠는데…

어린 시절부터 '리니지' 게임광이었던 나는 게임을 꽤 잘했었다. 중학교 2학년 때 군주를 키웠는데, 군주라는 것은 하나의 혈맹(길드 같은 개념)을 창설할 수 있는 리니지의 유일한 클래스였다. 그래서 자연스럽게 혈맹의 1인자가 되는 특별한 클래스였지만, 약했다. 캐릭터의 개인능력은 최하위였다. 오직 혈맹을 만들기 위한 클래스라고 생각하면 되겠다.

그럼에도 당시 군주를 키웠던 이유는 하나의 조직을 이끄는 것이 나에게 엄청난 재미를 주었기 때문이다. 게임 특성상 5개의 성이 있는데 오크성을 점령했던 혈맹을 이끌었다. 나는 그 재미에 푹 빠져있었다. 물론 지금 생각하면 나는 '바지 군주'였다.

당시 다니던 게임방에는 아저씨들(지금 생각하니 주먹을 쓰시는 분들이었다) 10명 정도가 열심히 게임을 했는데, 현금으로 게임 아이템을 살 정도로 광적으로 빠져있었다. 그런데 뭔가 하나로 묶어주는 것이 필요했는지 우리에게 먼저 다가왔다. 중2 꼬마들이 무리지어 쫄래쫄래 게임방에 오는 것이 귀여웠는지 라면과 과자를 사주면서 자기들이 성을 하나 칠 계획인데 우리에게 좀 도와달라고 했다.

아저씨들은 레벨이 높은 군주가 필요했는데 당시 내가 서버에서 두 번째로 빠른 레벨업을 달리던 군주 클래스였다. 내 친구들은 총 5명이었는데 대부분 레벨이 낮은 라이트유저였다. 계획은 이랬다.

"동민이 너가 혈을 만들고, 나머지는 지원만 해줘. 싸움은 우리가 할게. 그리고 성을 차지하면 너희 게임방 비용은 우리가 다 내준다!"

응? 우리는 전율이 일었다. 아니 정확히 말하면 내가 가장 가슴이 두근거렸을 것이다. 친구들은 게임방 비용만으로도 엄청난 혜택이었지만, 나는 성을 차지한 혈맹의 군주가 되는 것이었다. 우리의 결단은 그 어느 때보다 빨랐다.

그때부터 학교가 끝나면 곧바로 게임방으로 향했다. 언제나 아저씨들이 있었다. 생긴 것은 무서웠지만 다들 우리에게 너무 친절하게 대해 주셨다. 당시 버금이라는 기사 캐릭터를 사용하던 아저씨가 리더였는데, 우리는 모두 그 아저씨의 명령을 따랐다. 다른 아저씨들도 마찬가지였다.

하루에 공성연습을 2시간씩은 무조건 했다. '이게 뭐하는 짓일까'

하기도 했지만 나름대로 몇 가지 일어날 법한 상황들에 맞춰서 팀워크를 맞춰 나갔다.

결전의 날이 다가왔고, 우리는 2시간 동안 치열하게 싸웠다. 2시간이 10시간처럼 길게 느껴졌고 팽팽한 긴장감이 온몸을 감쌌다. 무서웠다. 아저씨들은 다양하고 찰진 욕들을 하며 게임을 압도해 나갔다. 내가 성의 왕관을 먹는 순간, 결승골을 넣은 것마냥 우리는 모두 환호를 지르며 뒤엉켰다. 우리 중딩 5인방이 큰 역할을 했다.

우리는 아직도 그때의 2시간을 실제 영웅담인 것처럼 이야기하곤 한다. 당시 성을 차지하면 세금을 걷을 수 있었는데, 현금으로 전환하면 400만원 정도가 되었다. 물론 우리는 어차피 게임방비를 지원받는 조건이었기에 욕심이 없었다. 게임 자체를 즐겼기 때문이다.

그 후 얼마 지나지 않아 우리 집이 크게 흔들리는 사건을 겪는다. 아버지의 사업이 잘못되어 집안 사정이 급격히 나빠졌고, 나는 게임을 그만두고 진짜 돈을 벌러 나가야 했다.

그리고 시간이 흘러 나는 대학생이 되었고, 21살에 아이스크림 장사를 해서 돈을 모았다. 그해 여름 시즌이 끝난 후 번 돈 중 200만원은 라색수술을 했고, 100만원은 부모님을 드렸다. 그리고도 220만원 정도가 남았었는데, 나는 그 돈으로 무엇을 할까 고민을 했다. 그러다가 문득, 내가 빠져있던 리니지라는 게임이 떠올랐다. 예전의 그 흥분이 다시 가슴 속에서 살아나기 시작했다.

나는 220만원을 전부 리니지 게임머니와 교환했다. 미쳤었다. 수

중에 돈이 들어오고, 부모님께 돈을 드리다보니 내가 부자라도 된 것처럼 행동했다. 하지만 나는 알바 외에는 특별한 수입이 없는 평범한 대학생에 불과했다. 그나마 통장에 잔고가 220만원이 있었다는 것을 제외하고는 말이다. 그렇게 나는 다시 게임에 빠져들었다.

게임은 예전과는 너무나 달라져 있었다. 나의 아이템은 과거보다 좋았지만 게임의 재미는 느끼지 못했다. 두 달이 채 되지 않아 나는 실증을 느꼈다. 예전의 나였으면 절대 있을 수 없는 일이었다. 리니지를 하면서 실증을 내다니? 나는 빠르게 정신차렸다. 두 달 동안 미친 듯이 게임을 하면서 게임머니를 많이 모았었다. 그래봤자 현실에서는 50만원 정도의 가치밖에는 하지 않았지만 말이다.

아이템을 모두 현금으로 바꾸기 위해서는 우선 아이템을 게임머니로 바꾸는 작업이 필요했다. 급하게 팔다보니 시세보다 조금 떨어졌지만 그간 모아온 아이템들을 모두 합하니 처음 투자했던 220만원보다 좀더 많은 250만원 정도가 만들어졌다. 게임머니를 모두 현금으로 바꾼 뒤, 나는 이런 생각을 했다.

'와, 리니지는 완전 현실판 게임이네. 이걸로 돈 버는 사람들이 엄청 많겠다. 옛날 아저씨들은 아직도 이걸로 돈을 벌고 있을까?'

그런 생각을 하면서 나는 사람들이 떠나기 전에 잠깐씩 들리는 장소로 캐릭터를 움직였다. 그곳은 나에게 신세계를 알려준 곳이다. 그곳의 이름은 바로 '버그베어경기장'!

옛날 어렸을 적에는 개 경주라는 현실의 경마와 비슷한 레이스게

임이 존재했다. 사람들이 사냥하고 마을로 돌아와 소소한 재미를 느끼게 하려고 업데이트를 한 거였는데, 그곳은 이미 현실과 똑같은 도박장이었다. 도박이라는 마약은 그렇게 사람들에게 퍼져나갔다. 실제로 도박과 똑같은 부작용 때문에 결국 폐지되었던 것이 개 경주, 즉 경마시스템이었다.

그런데 내가 다시 돌아왔을 때 개 경주가 사라진 그곳에 버그베어 경기장이 존재했다. 게다가 버경(버그베어경기장)뿐 아니라 홀짝이라는 새로운 도박시스템이 등장해 사람들은 너도나도 사냥을 마치면 그곳으로 몰려들었다. 역시나 사냥해서 번 돈을 도박에 갖다바치는 것이다. 현실과 똑같았다. 사람들은 도박을 하기 위해 게임머니가 필요했고, 부족하면 다시 사냥을 나가서 돈을 구해왔다. 여기까지는 일반적인 유저들의 행동이었다.

하지만 도박의 마력에 빠져버린 사람들은 사냥하러 갈 시간조차 없었다. 그들은 자신의 아이템을 빨리 게임머니로 환전해 다시 도박을 하려고 했다. 그런데 그 사람들이 아이템을 게임머니로 환전하려면 마을 멀리 시장까지 가야 했다. 나는 거기서 아이디어가 떠올랐다. 리니지라는 게임은 현실과 너무 닮아 있었다.

"

이거 잘하면 돈 좀 벌 수 있겠는데?

"

나는 아이스크림 장사하던 때를 떠올렸다. 사람들이 좋아하는 것이 뭘까? 사람들이 원하는 것이 뭘까? 고민하기 시작했다. 답은 의외로 빨리 나왔다. 나는 리니지 유저였다. 그들도 리니지 유저였다. 리니지 유저라면 원하지 않는 것이 있다.

어렵게 키운 자신의 게임 아이템을 도박으로 날리는 것을 원치 않았다. 하지만 도박의 늪에 빠진 사람들은 원치 않아도 도박으로 날리고 있었다. 그럼 어떻게 해야 할까? 사람들의 욕구를 채워주려면 어떻게 해야 할까? 한참을 경기장에서 사람들을 지켜봤다. 그들은 '경마'시스템에서 잭팟을 노리고, '홀짝'시스템에서 돈을 메우려고 노력했다. 확률이 50%인 홀짝은 운이 좋은 사람이 돈을 따는 시스템이었다. 내가 내린 결론은 하나였다.

> **"**
> ## 리니지세계의 은행이 되어 보자!
> **"**

나의 계획은 이러했다. 사람들은 돈이 필요하면 은행에 간다. 그런데 은행에 가서 돈을 빌리려면 담보가 필요하다. 게다가 담보는 그 가치의 100%가 아닌 70% 정도의 가치로 평가되어 돈을 빌리는 시스템이었다. 나는 이러한 은행의 대출시스템을 그대로 게임에 옮겼다. 나는 사람들의 아이템을 저가에 '매입'하지 않고, '담보'로 받고

게임머니를 빌려줬다. 가령 100만 게임머니에 해당하는 아이템을 받으면 나는 90만 게임머니를 빌려줬다. 그리고 나에게 상환할 때는 100만 게임머니를 주어야 아이템을 돌려주었다. 당시의 장사꾼들과는 완전히 다른 시스템이었다.

입소문의 중요성을 나는 또 다시 느꼈다. 사람들은 나의 시스템에 매료되기 시작했다. 당시 게임 내에서 게임 아이템을 매입하는 일명 장사꾼들은 아주 헐값에 급매를 했다. 100만 게임머니의 아이템을 70만도 안 되는 가격에 매입했던 것이다. 그리고 도박에 빠져버린 유저들은 울며 겨자먹기식으로 '돈을 따서 다시 사면 돼!'라는 헛된 상상에 빠져 장사꾼들의 배를 채웠다. 나는 그 판도를 뒤엎었다.

단 하루만에 나는 유명인사가 되었다. 돈이 떨어진 사람들은 나에게 와서 담보를 맡기고 돈을 빌려갔고, 아주 만족해 했다. 내가 시작한지 채 3일이 되지 않아 경쟁업체들이 생겼지만 사람들은 계속 나와 거래를 했다. 왜냐하면 사람 냄새가 났기 때문이다. 거래는 철저하게 선을 그었지만 그들과 인간적인 대화를 나눴다. 수영강사와 스키강사를 하며 사람들을 많이 만난 탓인지 나는 새로운 사람들에게 다가가는 것에 두려움이 없었다.

사람들이 장사꾼이 아닌 나와 거래했던 이유는 또 있었다. 설령 돈을 못갚아서 아이템을 날렸더라도, 장사꾼들보다 훨씬 비싸게 쳐주었기 때문이다. 나는 그렇게 일약 스타가 되어있었다. 나는 너무나 쉽게 돈을 벌기 시작했고, 주체할 수 없는 상황에까지 이어졌다. 수중에

게임머니만 충분하면 더 큰돈을 벌 수 있기에, 다시 현금으로 게임머니 자본금을 늘려 갔다.

그렇게 나는 알바 5개월의 급여를 한 달만에 벌었다. 그때부터 나는 건강이 악화되기 시작했다. 학교, 알바, 집의 생활에서 휴식시간이 없어진 것이다. 알바는 그만두고 집에서 컴퓨터만 잡고 살았다. 돈은 벌고 있지만 건강은 악화되었고 삶은 피폐해졌다.

이러한 나를 구해준 것은 대학생활이었다. 약 4개월간의 게임머니 장사를 깨끗하게 접었다. 그리고 나는 스키장으로 합숙을 떠났다. 그 해 겨울 스키장 생활이 끝나고 나를 기다리는 것은 군대였다.

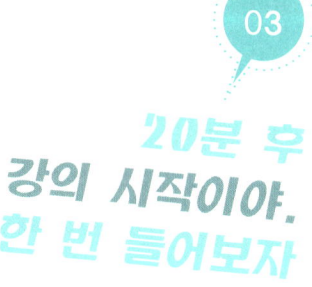

03

20분 후 강의 시작이야, 한 번 들어보자

군대를 전역하고 1년이 더 지난 어느날, 한 통의 전화가 걸려왔다. 친척누나였다. 나는 친가에서 17남매 중 막내다. 어렸을 적부터 명절 때마다 친척들이 모이곤 했었는데, 언제나 어린 나를 끼워주고 같이 놀고는 했다. 이때 군기반장 역할을 하던 가장 큰누나가 있었다. 위로 17살 차이가 나서 나에겐 너무 무서운 누나였다. 재미있게 웃고 떠들다가도 큰누나의 군기잡기가 휘몰아치면 우리들은 모두 쥐죽은 듯 고요해 지고는 했다.

그런 누나에게서 갑자기 전화가 온 것이다. 밥 한 번 먹자는 전화였는데, 평소 개인적으로 만난 적이 단 한 번도 없었기 때문에 이유는 알 수 없었으나 싸한 느낌이 뒷통수에서 전해져 왔다. 그래도 뭐

설마 하는 마음뿐이었지 거부감은 들지 않았다.

하지만 역시나 이상한 예감은 틀리지 않았다. 누나를 만났을 때 일행이 있었고, 함께 차에 오르면서 '누나가 다단계에 빠졌구나' 하는 예감이 강하게 들었다.

배신감이 들기는 했지만 누나를 꺼내주고 싶었다. 군대를 제대한 지 얼마 되지 않아 정의감이 넘치던 때였다. 그런데 약속된 식당으로 가는 것이 아니라 인천 쪽으로 차가 이동하고 있었다. 그래도 괜찮다고 생각했다. 나는 바보가 아니니까 말이다.

차 안의 스피커에서 강의가 나오기 시작했다. 아직도 기억이 생생하다. 법학박사 김태수 박사의 '최고의 기회'라는 강의였다. 나는 귀가 열려있는 편이다. 호랑이 굴에 끌려가도 정신만 똑바로 차리고 있으면 된다고 하지 않았던가? 나는 누나를 빼내야 했기에 열심히 들었다. 그리고 허점을 찾기 위해 애쓰고 있었다. 하지만 꼬투리를 잡을 만한 내용은 나오지 않았고, 한국과 세계의 역사만을 이야기하고 있었다. 무언가 허황된 이야기가 나오기를 바라고 나를 유혹하는 말이 나오기를 기다리고 있는데, 역사강의는 하나하나 다 맞는 말이었다. 그때는 몰랐지만, 나는 그때 이미 강의를 들으며 조금씩 마음이 열리고 있었다.

스피커에서 흘러나오는 내용은 역사 외에는 아무것도 없었다. 우리나라가 어떻게 급성장하게 되었는지, 삼성과 현대의 초기 모습들 그리고 그들이 크게 돈을 벌 수 있었던 이야기들과 88 서울올림픽,

IMF 외환위기, 금융위기 등 나도 뉴스를 보며 주변에서 얼핏 들으면서 이름 정도는 들어봤던 내용들이 스피커에서 흘러나왔다.

나는 깜짝 놀랐다. 나의 동창이 쇼핑몰로 돈을 벌 수 있었던 이유가 뭔지 짧은 시간에 해결되었다. 그리고 그때 그 동창의 생각을 이해하지 못했던 나의 모습이 부끄럽게 느껴졌다. 스피커에서 나오는 이야기는 우물 안에서 아웅다웅하던 개구리에게 밧줄을 던져주는 것 같았다.

그러던 중 인천에 도착했다. 차에서 내려 밥을 먹으며 묘한 긴장감이 돌았다. 나는 흥분해 있었고, 큰누나와 처음 보는 두 중년의 부부는 긴장하고 있었다. 나는 속으로 다단계사업에 대해 궁금증이 생겨났다. 세간에는 무조건적으로 악의 무리인 것처럼 묘사되었지만 스피커에서 나오던 역사강의는 새로운 정보였다. 만약 그것이 사실이라면 나는 금방 부자가 될 수 있을 것 같은 생각이 들었다.

밥을 먹고 사무실에 올라가자는 얘기에도 거부감이 들지 않았다. 내 인생의 모든 일은 내가 책임져야 한다는 것을 이미 깨닫고 있었기 때문이었다. 그렇게 나는 다단계 강의를 듣게 되었다. 결론부터 말하자면 신세계였다. 나에게 사업이란 모두 내가 일을 해서 돈을 버는 것이었다. 내가 열심히 뛰어야만 했던 장사의 세계와 직장인(아르바이트)의 생활을 경험했던 나에게 네트워크 비즈니스의 비전은 엄청난 발견이었다.

20분 후 강의 시작이야. 한 번 들어보자 : **37**

> "
> 하지만 그것이 나를 위기로 몰아 넣을 줄은
> 그때까지만 해도 전혀 알지 못했다.
> "

네트워크 비즈니스의 이론은 너무나 좋았다. 무언가를 소비할 때 돈을 내는 입장에서, 소비하는 동시에 돈을 돌려받는 일종의 캐시백 형태였다. 게다가 내가 활동했던 회사는 휴대폰 요금을 상품으로 했는데, 휴대폰 요금의 약 5%를 캐시백 형태로 돌려주는 구조였다. 어차피 휴대폰 요금은 매달 나가는 거였기 때문에 거절할 이유가 없었다. 요금이 10만원이 나오면 그중 5%인 5,000원을 돌려받는 것이다. 소비자에게 대단히 만족스러운 상품임에 틀림이 없었다.

'아니, 어차피 사용할 건데 5%가 싸다고? 그럼 써야지!'라는 단순한 생각이 작용했던 것이다. 게다가 이 상품을 주변에 소개하기만 하면 그들이 내는 요금의 일부분이 나의 통장에 들어오는 구조였다. 내가 돈을 더 내는 것도 아니고, 더 싸게 쓰면서 사업을 할 수 있다는데 안 할 이유가 없었다.

그 당시 나의 머리에는 사업을 시작하려면 당연히 종잣돈이 필요하다고 생각했다. 하지만 네트워크 비즈니스는 돈이 필요하지 않았다. 단, 휴대폰 기기를 바꿔야만 했고, 일반 대리점에서 개통할 때 받을 수 있었던 보조금 혜택을 받지 못했다. 그래서 일반적으로 50만원

정도 더 비싸게 사는 구조였지만 이때는 이런 것이 눈에 들어오지 않았다. 이때는 50만원 정도 비싸게 사도 요금이 5% 저렴하니 오래 사용하다보면 괜찮다고 생각했었다.

하지만 네트워크 비즈니스의 좋은 이론과는 다르게, 사람들이 하는 사업이다 보니 허점들이 나타나기 시작했다. 일명 배팅이라는 것이었다. 사람들은 요금을 1,000만원씩 미리 충전하기 시작했다. 나는 이때부터 고민에 빠졌다. 1,000만원을 미리 충전을 하는 것은 상식선에서 어긋나는 것이다. 하지만 나와 같이 2년간 사업에 매진하고 힘든 고생을 함께 했던 그들은 합리적이라고 이야기하고 있었다. 어차피 사용할 요금 미리 1,000만원 충전한다고 없어지는 것이 아니지 않느냐면서 설득을 했다. 모든 것이 혼란스러웠다.

내가 약 2년을 집중해서 하던 사업이었다. 어차피 쓰는 휴대폰 요금을 5% 저렴하게 쓰며 현금을 창출할 수 있는 멋진(?) 사업시스템이라고 생각했다. 하지만 내 마음은 그때부터 서서히 멀어지기 시작했다. 내 기준에서 1,000만원을 미리 충전하는 시스템은 정당하지 않았다. 눈속임으로밖에 보이지 않았다.

나의 청춘을 바친 사업체가 조금씩 나와 방향을 달리하고 있었다. 사람들은 '왜 빨리 나오지 않았느냐'고 물어본다. 상식적으로 생각해도 그것은 바로 나와야 하는 상황 아니냐고. 나도 알고 있었다. 알고 있지만 발을 떼기가 쉽지 않았다. 2년간 누구보다 열정적으로 사업을 진행했기에 떠나는 것이 쉽지 않았다. 만약 쉬엄쉬엄 사업을 했었

다면 나는 즉시 그만 두었을 것이다.

> **두 달간 고민을 했던 이유는 단순했다.
> 네트워크 비즈니스를 하면서
> 얻은 것이 너무나 많았기 때문이다.**

사람들은 그때의 나를 보며 2년의 세월을 낭비한 것이라고 말한다. 그 시간에 다른 것을 했으면 더 많은 것을 이뤄냈을 거라고. 하지만 나는 자신있게 말할 수 있다. 당시 나의 2년은 평범한 사람의 2년과는 달랐다. 나는 인생에서 가장 중요한 일들을 그 2년 동안 연마했다고 생각한다. 그래서 네트워크 비즈니스를 시작해도 되냐는 질문에 나는 흔쾌히 대답한다.

"정말 열심히 해볼 생각이 있으면 해도 좋아요. 하지만 그럴 자신이 없으면 하지 마세요."

내가 왜 이런 말을 할까? 사람들이 손가락질 하는 네트워크 비즈니스를 권하는 이유가 무엇일까? 물론 '정말 열심히 하라'는 전제가 붙지만 말이다. 나에게 있어 네트워크 비즈니스가 삶에 끼친 긍정적인 효과가 너무 많았기 때문이다. 그중 나의 삶을 바꾼 습관 3가지를 이야기해 보면 다음과 같다.

"
독서하는 습관
"

나는 학교생활을 하면서 교과서도 제대로 읽지 않았다. 하지만 제대로 된 네트워크 비즈니스 회사에서 권장하는 시스템에는 독서가 빠지지 않는다. 독서는 사람을 변화시키는 촉매제 역할을 한다. 평범했던 나는 독서를 하면서 특별한 사람으로 변해갔다. 하루에 책 1권을 목표로 2년을 보냈다. 많이 읽는 날에는 하루에 3권까지 읽어봤다.

그때는 책을 읽는 것이 세상 그 무엇보다 재미있었다. 세상이 나에게만 들려주는 비밀이야기처럼 다른 사람들에게 알리고 싶지 않았다. 나만 알고 싶었고, 세상은 변하기 시작했다. 아침에 눈을 뜨면 콧바람이 나왔고, 얼굴에는 미소가 떠나지 않았다. 사람들이 주변에 끊이질 않았다. 이유는 단순했다. 나는 그 당시 독서에 미쳤었기 때문이다.

무언가에 미쳐있는 사람은 주변에서 동경의 대상이 된다. 당시 내가 활동하던 센터에서 나는 동경의 대상이 되었다. 책에 미쳐있는 모습을 신기해 했다. 사람들은 성공을 하기 위해서는 반드시 책을 읽어야 한다는 것을 알고 있다. 하지만 알고 있으나 실행에 옮기는 사람은 드물었다. 나는 그 드문 사람 중 하나였고, 사람들은 그런 나를 부

러움과 신기함을 담은 눈빛으로 바라보았다.

책을 읽기 전의 나는 우물 안에 있던 개구리였다. 하지만 책을 통해 내가 변하기 시작하자 세상은 나를 중심으로 변했다. 그 느낌은 경험하지 않으면 절대 느끼지 못한다. 절대적인 지식의 습득은 곧 지혜로 이어지고 뇌의 구조를 변화시킨다. 사람의 뇌는 너무나 신기하다. 한순간에 바뀌는 것이 가능하다. 그것은 곧 뇌가 다시 태어나는 경험이라고 표현하고 싶다.

독서를 시작하며 나는 인생 전체가 리모델링되었다. 모든 것을 긍정적인 시야로 바라보는 것이 가능해졌고, 타인이 원하는 것이 무엇인지 자연스럽게 알게 되었다. 대화를 하다보면 자연스럽게 분위기를 이끌게 되었고, 원하는 방향으로 대화가 가능해져 갔다. 나에게 그런 독서를 자발적으로 하게 만드는 시스템은 흔치 않았을 것이다. 나는 정말 성공을 원했기에 과감하게 독서를 시작했다.

" 다양한 인간관계 "

사업의 특성상 정말 다양한 사람들이 모인다. 정계에 있는 분들부터 공무원, 기업가, 노점을 하시는 분들, 평범한 주부, 학생 등 다양한 분야의 전문가들이 모이는 곳이 바로 네트워크 비즈니스이다.

그들이 왜 모이는 것일까? 이론적으로 따져보면 흠잡을 것이 없는 사업이기 때문이다. 논리적으로 따져보면 1,000원에 살 치약을 똑같은 1,000원에 사서 100원을 돌려받는 시스템이기 때문에 매력적이다. 하지만 돈을 벌기 위해 여러 가지 편법들을 사용하기에 완벽한 시스템들이 망가지게 되지만 말이다.

그곳에서 나는 평생 만날 수 없었던 인맥들을 형성해 나갔다. 그 당시 일개 대학생이었던 내가 어디서 그런 인맥들과 커피를 마시며, 사업이야기를 들으며, 삶의 경험을 듣겠는가. 내 또래 친구들은 제대 후 한창 열심히 놀고 있을 때였다. 그때 나는 세상의 파도를 맞아가며 인생을 보내온 여러 경험들을 간접적으로 느낄 수 있었다. 많은 분들이 하나같이 나에게 말해준 것이 있다.

"인생은 단 한 번뿐이다. 청춘의 아름다움은 청춘일 때는 느끼지 못한다."

그 한마디가 내 인생에 큰 변화를 만들었다. 그때부터 하고 싶은 것들은 모두 적어놓고 기회가 될 때마다 실천하려고 노력했다. 그럴 때마다 주변에서는 제발 좀 그만 하라고 다그칠 뿐이었다. 그들과 달랐기 때문이다. 그래서 외로웠다. 주변에서 바라보는 시선은 곱지 않았고, 나는 그 시선을 힘들게 견디며 버텨왔다. 하지만 그런 시선들은 내가 꿈을 하나씩 이루어 갈 때마다 조금씩 변해가기도 했다.

"
리더십
"

네트워크 비즈니스는 조직사업이다. 성공하기 위해서는 조직을 이끌어야 하고, 조직을 이끌려면 반드시 필요한 것이 리더십이다. 리더십은 선천적으로 타고나는 것도 있지만, 후천적인 훈련에 의해 성장하는 것이 가능한 덕목 중 하나이기도 하다.

단도직입적으로 말하자면 나는 리더십이 없었다. 다수를 이끌어본 경험도 없을 뿐더러, 다수 앞에서 이야기해 본 경험도 적었다. 스포츠 강사를 할 때와는 달랐다. 네트워크 비즈니스는 같은 목표를 향해 함께 가는 생명체라고 표현하면 적절할 것이다.

하나의 집단을 리딩하는 것이 너무나 힘들었다. 가지각색의 사람들이 모이다 보니 모집군에 비례해서 나이가 어렸던 나는 그들을 통제하는 것이 어려웠다. 그들과 대화를 하기보다는 그들에게 일방적으로 무언가를 요구하고 명령하고 지시했다. 나는 이것이 우리가 함께 이루어야 할 목표에 다가가기 위해서는 어쩔 수 없는 선택이라고 생각했다.

이런 일방적인 소통은 결국 조직원들을 떠나가게 만들었다. 무엇이 잘못인지도 모르던 시절이었다. 내가 생각하는 리더의 모습은 일사천리로 지시하고 명령하며 조직을 다스리는 모습이었다. 바로 강

압적인 카리스마형 리더의 모습이었다. 나는 그것이 리더의 전부라고 생각했었다.

조직은 리더의 성향에 따라 바뀌는 생명체와 같았다. 나는 그것을 깨닫기까지 많은 시간을 흘려보냈다. 많은 사람들을 떠나보냈고, 그들이 떠나갈 때마다 나의 마음은 갈기갈기 찢어져 나갔다. 그것은 일반 조직생활을 할 때는 느끼지 못했던 새로운 경험이었다. 그렇게 사람들을 떠나보내며 리더십에 대한 공부를 할 수 있었고, 나는 차츰 사람들이 떠나지 않게 하는 법을 알게 되었다.

나는 그렇게 성장하고 있었고, 네트워크 비즈니스를 그만두기 전에는 약 200여 명 앞에서 강의를 하는 단계까지 성장할 수 있었다.

지금도 네트워크 비즈니스에 대해 물어본다면 과감하게 대답할 수 있다. 투자 없이 실전에서 배울 수 있는 최고의 자기계발 경험이며, 리더십 배양의 장소라고 말이다. 나는 네트워크 비즈니스가 없었다면 지금의 내 모습은 없었을 것이라고 확신한다.

이러한 긍정적인 효과도 있었지만, 결국 사업을 그만 두었다. 투자를 권유하지 않던 회사의 방침이 1,000만원의 투자를 권장하는 방침으로 바뀌었기 때문이다. 당시 나의 가치관과 맞지 않았고, 사람들은 무엇이 잘못된 것인지 인식하지 못했다. 1,000만원의 투자가 현명한 판단이라는 강의를 해야 했던 나는 결국 스스로 등을 돌렸다.

독서의 습관, 다양한 인간관계, 리더십의 기회를 얻은 것만으로도 나는 충분히 네트워크 비즈니스에 감사함을 느낀다.

20분 후 강의 시작이야. 한 번 들어보자 **45**

나는 사기 당하는 사람들을 이해하지 못했다. 책을 많이 읽으며, 세상의 흐름에 대해 잘 알고 있다고 착각하고 있을 때였기에 조금의 의심도 없었다. 실제로 몇몇 친구들이 말도 안 되는 주식놀이를 하길래 친구들에게 조언을 하고는 했다.

"주식은 신의 영역인 것 같아. 실제로 주식을 리딩하는 사람들이 돈을 그만큼 많이 벌면, 뭐하러 돈을 받고 알려주겠어? 자신의 돈을 더 쏟아 붓겠지!"

친구들은 그럼에도 불구하고 주식에 손을 대었고, 주식투자 사이트에 가입비만 100만원이 넘는 금액을 지불하기도 했다. 맙소사! 그렇게 호언장담하던 친구들은 3달 정도 지나자 주식시장에 발도 들이

지 않았다. 역시는 역시다.

또 한 번은 대포통장사건이 있었다. 당시 친구들은 취업준비생들이었기에 돈이 궁핍하던 시기였다. 아니나 다를까, 쉽게 돈을 벌 수 있다는 사탕발림은 너무나 쉽게 우리의 귀를 침식하고 있었다. 한 친구가 이야기했다.

"야, 통장 하나만 만들어 주면 매달 100만원을 준대!"

나는 한사코 말리기 시작했다. 이게 무슨 말도 안 되는 소리인가? 자본주의 사회에서 통장 하나 만들면 매달 100만원을 준다니? 의심부터 했던 나였다. 그러나 친구들의 눈빛은 어느새 대포통장에 빨려 들어가고 있었다.

"아니, 정말? 대포통장 만들어서 뭐에 쓰는건데?"

내 친구놈, 이미 넘어가고 있었다.

"회사가 자금 회전이 되야 하는데, 세금문제 때문에 통장이 필요한 가봐. 통장내역이랑 다 볼 수 있고. 회사 입장에서는 통장 하나당 이익이 1,000만원 이상 남는데, 거기에서 수수료로 10%씩 주는 거라더라. 죽이지 않냐?"

이놈이 제일 큰 문제였다. 나는 그것이 결단코 사기라고 이야기를 했지만, 이미 친구들은 통장을 만들기로 이야기가 끝나 있었다. 며칠 뒤 친구들은 돈 한 푼도 받지 못했고, 자신의 통장이 어디에 쓰였는지는 경찰서에서 확인할 수 있었다.

그렇게 나는 친구들이 사기를 당할 위험에서 구해주는 사람이었

다. 물론 구해낸 적은 없었지만 적어도 빠져들지는 않았다. 너무 뻔한 수작에 사람들이 넘어가는 모습을 보며 속으로 되뇌일 뿐이었다.

"
사기 당하는 사람들은 좀 모자란 것 아닌가?
"

그렇게 현명한 척을 하며 열심히 사업을 꾸려갈 때였다. 나에게 일 생일대의 기회가 찾아왔다. 아버님이 제법 규모있는 사업을 하고 계 셔서 경제적으로 안정이 되어 있던 친구가 한 명 있었다. 그 친구가 나에게 와서 아주 솔깃한 이야기를 꺼냈다.

"동민아, 좋은 정보 하나 발견했다."

"뭔데?"

"내 친구가 사업을 하는데…"

이야기의 내용은 이랬다. 친구가 인터넷 사업을 하고 있는데, 스포 츠토토의 수학적인 계산 프로그램을 만든다는 것이었다. 물론 스포 츠토토와 직접적인 연관이 있는 것은 아니었고, 말 그대로 숫자게임 을 대신 해주는 양방프로그램이었다.

축구경기를 예로 들면, 스페인의 축구팀 바르셀로나와 레알 마드 리드의 경기가 열렸을 때 어떤 팀이 승리할 것인가를 골라 배당금을 먹는 것이 스포츠토토의 방식이었다. 하지만 이 양방프로그램이 하

는 일은 두 팀 모두에게 배팅을 해서 어떻게든 수익이 나는 방법을 계산하여 배팅법을 알려주는 프로그램이었다. 즉, 어디에 배팅을 해도 수익이 나는 모델이었다.

"동민아 잘봐. 이게 이렇게 둘 다 배팅하잖아, 그럼……"

놀랍게도 정말 수익이 동시에 났다. 이럴 수가! 정말 놀라웠다. 한 게임에 배팅하면 약 5만원의 수익이 났다. 믿을 수 없는 일이 일어나고 있었다. 친구 옆에는 그 프로그램을 개발했다는 사람이 있었고, 굳게 다문 입을 열기 시작했다.

"이 프로그램은 어떻게 사용하느냐에 따라서 천문학적인 돈을 가져다 줄 수 있어요. 대신 돈을 지불해야 하는데."

그렇다. 세상엔 공짜가 없었다. 나는 이미 그 이야기에 빠져들어 있었고, 내 지갑은 언제든 열 준비가 되어 있었다. 하루에 잘만 한다면 50만원 정도의 수익을 챙길 수 있었다. 나는 그 프로그램을 약 1,000만원의 돈을 주고 구입했다.

얼마나 시간이 흘렀을까? 일주일이 채 안 되었던 것 같다. 예상했겠지만 나는 사기를 당했고, 내 친구도 그 사람에게 사기를 당했다. 우리 둘은 그 사람의 행적을 사방으로 뒤지고 다녔지만 이미 국가의 부름을 받고 감옥에 들어갈 처지에 있다고 했다. 당연히 우리가 사기 당했던 금액은 돌려받지 못했다. 문제는 거기에 있었다. 사기 당했던 금액은 돌려받지 못한다.

친구는 당시 재정적으로 안정되어 있는 상태였다. 가정이 뒷받침

을 해주었기 때문이다. 하지만 나는 그렇지 못했다. 오히려 가정을 위해 힘을 내야 했던 시기였다. 나에겐 그동안 힘들게 모아온 시드머니가 날라간 것이었고, 희망은 점점 멀어져만 갔다.

> "
> 사기는 우매한 사람들이 당한다는 말은 그날 이후로
> 취소다. 사기는 진짜 같기에 당하게 되는 것이다.
> 오히려 진짜보다 더 진짜 같다.
> "

그 이후로 나는 쉽게 돈을 벌 수 있다는 이야기에는 귀를 닫게 되었다. 물론 내가 잘 알고 있는 분야는 예외였다. 하지만 내가 잘 모르는 분야에서의 정보는 아무리 검증되고 좋은 정보라도 귀를 닫았다.

당시 한 번의 사기로 인해 사업자금으로 쓸 시드머니를 몽땅 잃어버렸다. 하지만 이성과 감성은 따로 노는 것을 깨달았다. 귀를 닫았지만, 달콤한 속삭임은 닫은 문을 기어코 비집고 들어왔다.

생애 두 번째 사기는 부동산이었다. 나는 지금도 믿지 못한다. 첫 사기를 당하고 나서 절대로, 절대로! 사기 따위는 당하지 않겠다고 다짐했던 나였는데, 얼마 지나지 않아 또 당했다고 생각하니 지금 기억을 떠올려도 참 허술했고, 현명한 척하던 혈기 넘치던 청년이었다. 시작은 재미있게 흘러갔다.

> "
> 계약금 1,500만원이면,
> 2달 뒤에 1,000만원이 생긴다!
> "

이해가 가는가? 바로 프리미엄 피를 받게 해준다는 이야기였다. 이건 정말 정확한 정보가 아니면 들어가지 않는 게 맞다. 하지만 나에게 다가온 소스는 인터넷에 검색하면 바로 뜨는 부동산 전문가의 고급정보였다.

나는 현명하다고 착각하며 살았다. 첫 사기로 인해서 쉽게 돈이 벌리는 사탕발림에는 귀를 바로 닫기로 결심까지 했던 차였다. 하지만 본전을 찾고자 하는 감성이 이성을 이기는 것을 직접 경험했다. 현명하다고? 정말 현명한 사람은 자신을 현인이라 칭하지 않는다.

내가 마음을 연 것은 다름 아닌 공신력이었다. 그는 이름만 대면 부동산의 대부로 소문이 자자하고, 혹시 모르는 마음에 이곳저곳 알고 있는 부동산을 돌아다니며 신상을 묻고 다녔다. 하지만 들려오는 이야기는 그에 대한 호평뿐이었다. 그런 그가 왜 나를 찾았을까? 고민을 했다가도, 다가온 기회를 놓치기 싫은 내 심장은 요란하게 쿵쾅대고 있었다. 그의 계획은 이러했다.

"현재 상가를 짓고 있는데, 이곳에 투자하기만 하면 대박이다. 하지만 워낙 경쟁이 심한 지역이라 내 지인들에게만 소개를 하고 있다.

근데 내 친구가 자네를 소개시켜 주더라. 너무 어려서 돈 맛을 보면 좋지 않지만, 운이 좋다고 생각하길 바란다."

하지 말아야 했는데, 내 가슴은 요동치고 있었다. 눈앞에 돈이 아른거렸다. 그 사람과 함께 부동산으로 부를 쌓을 생각을 하니 내 꿈은 점점 더 커져만 갔다. 두 달 뒤에는 1,000만원이 생긴다는 것을 기정사실로 받아들였고, 그 다음 그림을 그려나가기까지 했으니 말이다.

모든 것은 완벽했다. 서류와 등기와 투자자들의 동향까지! 몇 번을 확인했다. 서류는 거짓된 게 없었다. 아니, 그렇게 보였을지 모른다. 그리고 두 달 뒤, 나에겐 청천벽력같은 일이 또 일어났다.

"중간계약자가 우리 모두를 상대로 사기를 쳤나봐."

이게 무슨 말인가. 당시 나는 부동산에 대해 지식이 전혀 없었다. 책을 통해 부동산이라는 분야에 관심을 두고 있었지만 실제로 거래를 한 적은 없었던 아주 초짜였던 것이다. 억울함이 치솟았다. 그 공신력이 있는 부동산의 대부를 찾아가서 따졌다. 아주 정중하게.

"이게 어떻게 된 거예요? 제 돈은 어떻게 되는 거예요?"

"미안하네, 나도 어쩔 수가 없어. 내 입장도 굉장히 곤란해졌어. 이해해 주게."

"이해? 이해라고?!"

나는 이성을 잃고 소리를 지르며 난동을 피웠다. 내 옆으로 건장한 청년 2명이 오더니 사무실에서 끌고 나갔고 내 이성은 이미 끈을 놓았다. 정말 믿었던 사람에게 사기를 당해본 적이 있다면 내 심정을

이해하리라. 증상이 무엇인지 나열해 보면 다음과 같다.

먼저 다리에 힘이 빠진다. 그리고 대둔근, 즉 엉덩이에도 힘이 빠지기 시작한다. 손은 떨림을 멈추지 않고, 부르르 떨기 시작한다. 심장은 심하게 요동치며 내 가슴을 쳐댄다. 턱은 달달달 떨리면서 눈에서는 하염없이 뜨거운 물이 쏟아진다. 그리고 머리는 멍해지며 당장 쓰러지는 것이 편안한 상태가 나를 엄습해 온다.

> **"**
>
> 나는 그랬다.
> 현명한 척은 혼자 다했지만,
> 사기를 2번이나 연속으로 당했다.
>
> **"**

높았던 내 자신감은 바닥으로 떨어졌고, 그간 모아왔던 돈을 전부 날린 것도 모자라 빚까지 만들었다. 그리고 그 빚을 갚기 위해 무리해서 신규 사업을 진행하다가 더 큰 빚이 생겨났다. 빚은 어느덧 4,000만원을 넘어섰고, 나에겐 점점 희망이 사라지기 시작했다. 제1금융권도 아닌, 높은 이자의 사채를 통한 마지막 발버둥이 실패한 탓이리라. 이때 나의 머리는 혼란스럽다는 표현으로는 모자랐다. 하루하루가 지옥같았고, 의지할 수 있는 사람들은 가족밖에 없었다. 하지만 나는 언제나 가족 앞에서 강한 척하던 철없는 막내아들이었다.

그렇게
한강 깊이
빨려 들어갔다

내 삶은 피폐해져 갔다. 패기 넘치게 성공을 향해 돌진하던 청년은 세상에 무릎을 꿇었고, 희망이 그를 찾을 수 없게 깊은 나락 속으로 도망치고 있었다. 한순간에 나는 인생의 패배자가 되어 버렸고, 나를 지켜보는 많은 사람들에겐 괜찮다는 가식의 가면을 쓰고 있었다. 그 가면은 홀로 있을 때 언제나 벗겨졌고, 눈물로 범벅이 되곤 했다.

자신 있었다. 실제로 돈을 벌어보기도 했으며, 사업이 꽤 잘되던 시기도 있었다. 하지만 지금 생각해 보면 시장의 흐름에 우연히 올라타서 돈을 제법 만졌을 뿐, 사업가로서의 역량은 성장하지 않았다. 하지만 상관없었다. 나는 잘 나갔었고, 남 부럽지 않았었다. 그건 그리 오래가지 않았지만 말이다.

몇 번의 사업 실패와 2번의 사기는 패기 넘치던 나의 열정을 짓이 겨버렸다. 결정적인 역할을 했던 것은 사채였다. 정식적인 법률 안에서 채권자는 채무자에게 계속적인 독촉전화를 하지 못하게 되어 있다. 물론 이 사실은 당시에 알지 못했다. 나는 법률을 벗어난 사각지대에서 사채를 끌어오게 되었고, 독촉전화는 1시간에 한 번씩 걸려왔다. 상냥한 말투였을까? 그랬다면 오늘의 나는 없었을지도 모른다. 내용은 이러했다. 상냥하게 바꿔서 적어보도록 하겠다.

> "
>
> 돈을 빌렸으면 갚으셔야지요, 고객님.
> 왜 그렇게 약속을 안지키시는지요.
> 고객님도 힘이 드시겠지만 저희도 너무나
> 힘이 든답니다. 집은 어디인지 확인이 되었으나
> 아직은 안찾아 뵙고 있어요. 새벽에는 누가 될 수
> 있으나 찾아뵐지도 모르겠네요. 모쪼록 그런 일이
> 일어나지 않게 잘 좀 부탁드립니다. 고객님.
>
> "

이 글을 쓰는 지금도 내 손엔 땀이 맺히고 있다. 정확하게 전라도 사투리를 사용했었고, 실제로 우리집에 찾아왔던 그날은 잊지 못한다. 큰일은 일어나지 않았지만 그건 신체적인 문제일 뿐이었고, 내 가

슴에는 강한 상처가 남겨져 있었다.

지금 생각하면 문제는 언제나 나에게 있었다. 잘하던 사업이 기울어진 것도, 사기를 당한 것도, 힘들어도 힘들다고 하지 않고 괜찮다고 쎈 척하던 것도 모두 다 내 잘못이었다. 하지만 당시에는 깨닫지 못했고, 잘못은 내가 아니라 하늘에 있다고 생각했다.

힘든 시기가 올 때마다 나에게 유난히 위로가 되었던 비밀장소가 있다. 바로 천호역 1번 출구에서 머지 않은 천호대교였다. 언제나 힘이 들 때면 찾아가 성공의 외침을 하던 곳, 밤 늦게 사람은 다니지 않고 차들만 움직이는 곳, 아무리 큰소리를 내어도 누구도 듣지 못하는 나만의 성전이었다. 그곳에서 나는 누구도 될 수 있었다.

나는 나 자신에게 힘이 필요할 때마다 천호대교에 갔다. 힘껏 소리치고 나면 모든 일이 잘 풀릴 것 같은 기분이 들었고, 실제로 그 기분은 내 삶에 영향을 끼쳤다. 그날도 그랬다. 나에게 새로운 시작을 알리는 날이 되었다.

그날은 내 생애 가장 큰 전환점이 된 날이다. 잊을래야 잊을 수 없는 날이 되어 버렸다. 새벽을 알리듯 시계는 12시를 넘어섰고, 여전히 천호대교에는 사람이 지나다니지 않았다. 날씨는 꽤나 쌀쌀한 3월의 어느날. 천호대교에는 가로등 불빛과 지나가는 차 그리고 내가 있었다.

"나는 할 수 있다!"

여느 때처럼 나는 외치기 시작했다. 언제나 고요하게 두근거리는

심장을 일깨우는 외침이었다.

"나는 반드시 이 위기를 이겨낼 수 있다! 신동민! 너는 꼭 꿈을 이루고 말거야! 너의 성공으로 인해서 많은 사람들이 행복하게 될거야! 넌 할 수 있어! 이 위기는 아무것도 아니야! 나를 죽이지 못하는 고통은 나를 더욱 강하게 만든다! 신동민! 넌 반드시 할 수 있다! 아자!"

몇 번이고 외치고 외쳤다. 가슴이 뛰기 시작했다. 다시금 할 수 있다는 마음가짐이 나에게 엄습해오기 시작했다. 그런 나의 마음에 찬물을 끼얹은 것은 한 통의 전화였다.

> "
>
> 고객님. 돈은 준비가 되셨습니까?
>
> "

사채업자였다. 울컥하며 내 눈에선 눈물이 쏟아지기 시작했다. 전화를 끊고 복받쳐오르는 감정을 억누르지 못하고 대성통곡을 했다.

"왜! 나에게 이런 시련만 주시는 겁니까! 누구보다 열심히 살았는데! 성공을 향해 앞만 보고 달려왔는데, 대체 왜 나에게 이런 고통을 주시는 겁니까! 예? 제게 말씀 좀 해주세요! 왜 저에게만 이렇게 아픈 일을 겪게 하시는 겁니까! 대체 왜! 대체 왜 나에게만!"

대성통곡을 하며 흐느끼기를 몇 분, 내 마음은 심연의 바다처럼 가라앉기 시작했다. 옷을 털고 일어나 한강을 바라보았다. 멋들어진 야

경이 펼쳐졌다. 왼쪽에는 번쩍이는 건물이, 오른쪽에는 불 꺼진 엔젤리너스 커피집과 한강공원이, 정면에는 반대편 한강다리가 보였다. 그리고 하늘을 보았다. 달빛이 한강을 향해 얼굴을 드리우고 있었고, 한강은 달빛을 반갑게 맞이해 주었는지 반짝이며 빛이 나고 있었다. 나는 애써 미소를 지으며 되뇌었다.

"
끝내자!
"

지금 생각하면 정말 철없는 생각이었다. 하지만 나는 그 느낌을 여전히 가슴에 품고 있다. 희망이 없어진 사람의 인생은 어둡다. 그리고 어둠을 계속 바라보고 있다 보면 어둠도 내 존재를 알아차리고 나에게 다가오기 시작한다. 그렇게 어둠은 희망이 없는 자를 잠식해 나아가고, 급기야 현명하지 않은 판단을 하게 만들어 버린다.

누군가 이런 이야기를 한다. 자살을 하는 사람은 천하의 몹쓸 놈이라고, 본인 생각만 하고 남겨진 사람들의 슬픔 따위는 안중에도 없다고, 자기 혼자 편하자고 삶을 끝내는 이기적인 사람이라고 말이다. 공감한다. 그리고 모두 맞는 말이다. 그 이야기에 나도 동의한다. 하지만 그 상황에 부딪힌 그들의 환경을 한 번만 이해해 주길 바란다. 그들을 단 한 번만이라도 진심에서 우러나온 말로 위로해 주길 바란다.

> **"**
> 현명하지 못했던 판단,
> 그것은 한강다리에서의 투신이었다.
> **"**

　마음은 평온했다. 휴대폰을 바라보고 메신저를 들여다 보았다. 연락처는 1,000개가 넘었지만 쉽사리 전화할 사람은 보이지 않았다. 결국 가족밖에 없었다. 가족의 프로필을 바라보고 있자니 두 뺨에서는 또 눈물이 흐르고 있었다. 엄마의 프로필에는 나와 누나의 어릴 적 사진이 있었다. '사랑하는 우리 공주님 왕자님'이라고 적혀 있는 멘트와 함께.

　나는 소리없이 울기 시작했고, 연락할 용기가 나지 않았다. 어머니에게도 아버지에게도 그리고 제일 친한 친구였던 우리 누나에게도⋯. 나는 휴대폰을 닫고 한강을 바라보았다. 여전히 달빛에 빛나는 강물은 반짝이고 있었다.

　신발을 벗었다. 그리고 정장 마이를 벗어 고이 접고, 신발 옆에 두었다. 그 위에 휴대폰을 올려놓았다. 의외로 담담했다. 삶을 마무리 짓는다고 생각하니 담담해졌다. 어렸을 적 기억부터 현재의 내가 이곳에 오기까지의 그 시간들을 한 번 돌이켜 보았다. 짧았지만 즐거웠던 시간이 많았다. 물론 그 당시의 순간은 세상에서 가장 불행한 사람이라고 생각하고 있었지만 말이다. 난간을 잡았다. 난간 높이가 가

슴 정도까지 온다는 사실을 그때 처음 알았다.

누군가 한 명 정도는 소리쳐서 그만두라고 할 법한데, 아무도 그러는 사람은 없었다. 갈 길이 바쁜 차들은 저마다의 길을 가고 있었고, 나도 내가 정한 길을 가기 위해 몸부림을 치고 있었다. 내 앞에는 한강 물만이 남겨졌고, 등 뒤에 있는 난간을 두 손을 벌려 꽉 잡고 있었다.

무서웠다. 생각했던 것보다 한강다리의 높이는 높았고, 고요했던 내 마음은 두려움을 느끼기 시작했다. 이 손만 놓는다면 모든 것이 끝나는 것이다. 다시금 눈시울이 뜨거워지기 시작했다. 나는 난간을 잡고 있던 손을 떼었다.

'나는 할 수 있다!'를 외치던 한 청년은 그렇게 한강 깊이 빨려들어갔다. 누군가 이런 이야기를 했던 기억이 난다. 죽음의 문턱에서는 살아온 시간들이 파노라마처럼 스쳐 지나간다고. 사람마다 차이는 있겠지만 나는 그렇지 않았다. 그 찰나의 시간이 너무나 길게 느껴진 것은 맞았지만, 크게 세 가지의 이상한 현상이 나에게 일어났다.

> **"**
> **지난 날의 실패가**
> **사실 내 탓이었다는 점을 깨달았다.**
> **"**

그 짧은 순간 실패했던 사업들, 사기를 당하던 시점, 돈을 빌리러

갔을 때의 내 모습들이 뒤엉켰다. 멀리서 내 모습을 지켜보는 것이 아닌, 내 시야에 들어왔던 그 모습 그대로 기억을 훑고 지나갔다. 실패할 때마다 나는 이유를 만들어 내곤 했다. 사기를 당할 때에도 사기를 친 사람을 탓하기 바빴고, 휴대폰 사업에 실패할 때에도 정부의 단통법 정책 탓을 하기에 바빴고, 돈을 빌리러 갔을 때에도 악덕고리 대금을 설정한 사채업자에게 탓을 돌려버렸다. 하지만 그게 아니었다. 모든 것이 나 때문이었다.

모든 상황에 충분히 되돌아볼 시간이 있었다. 내가 미리 조심하고 유심히 상황을 지켜봤다면 모두 피할 수 있었던 것들이었다. 정부의 단통법 시행은 이미 예견되어 있었던 것이고, 나는 그것을 현명하게 비켜갈 수 있었지만 그렇게 하지 못했다. 자만에 빠져서 만족해버린 탓이었다. 사기를 당할 때도 진정한 전문가에게 상세히 물어볼 수 있었다. 하지만 쉽게 돈을 벌 수 있다는 말에 나는 그렇게 하지 못했다. 돈을 빌리러 갔을 때에도 충분한 시간을 가지고 계약서를 검토했어야 했다. 분명히 법의 규정에 어긋난 계약서였음에도 불구하고 빨리 돈을 구해야 한다는 성급한 열정이 너무도 쉽게 계약서에 싸인을 하게 만들었다. 결국 모든 잘못은 나에게 있었다.

그렇게 깨닫는 것이 아주 잠시 찰나의 순간이었다. 하지만 그 찰나의 순간에 나는 많은 깨달음을 얻었고, 그 다음으로 생각이 이어지기 시작했다.

> **"**
> ## 행복은 결국 사람이라는 것을 알게 되었다.
> **"**

계속 떨어지고 있었다. 조금 뒤, 나의 가장 어릴 적 모습이 생생하게 떠올랐다. 파노라마처럼 이어지는 것은 아니었다. 한 장면 한 장면 내가 가장 행복했던 때가 그려졌다. 그리고 그 장면에는 항상 가족이 함께였다. 친구들과의 장면은 떠오르지 않았다.

아기였던 내가 엄마 손을 잡고 놀이동산에 갔었고, 엄마는 내 손을 잡고 나를 보며 환하게 미소짓고 계셨다. 유치원 시절, 소풍을 가서 다 함께 율동을 해야 했는데 쑥쓰러움을 타며 엄마에게 율동을 알려주던 내가 있었다. 내가 부끄러워 하며 춤을 추는 모습을 엄마는 환한 미소와 함께 따라하고 계셨다. 초등학생 때, 처음으로 반에서 1등을 하고 의기양양해 하며 성적표를 들고오던 내게 환한 미소를 짓고 있는 아빠와 엄마가 있었다. 그리고 대학 입시 발표날, 합격 소식을 듣고 기뻐하던 부모님과 누나의 모습이 그려졌다.

순간순간의 장면들이 사진처럼 빠르게 스쳐 지나가며 나는 오열했다. 나의 행복은 경제적인 것에 있는 것이 아니었다. 나의 행복은 친구들과의 달콤한 시간에 있던 것이 아니었다. 찬란한 밤 문화에 내 행복은 존재하지 않았고, 연인과의 행복했던 밤도 생각나지 않았다. 그 순간 나의 머릿속에는 온통 가족들뿐이었다. 그리고 그것은 내 생

애 가장 행복했던 순간들을 담고 있었다. 나는 오열했다.

이제 다시는 가족들을 보지 못한다는 생각에 서러움이 복받쳤다. 전화라도 한 번 해볼 걸, 목소리라도 마지막에 들어볼 걸, 하다 못해 메신저로 인사라도 남겨둘 걸, 조금만이라도 대화를 할 걸, 다신 못본 다는 생각에 모든 것이 후회스러웠다. 내 삶에서, 인생에서 행복한 순 간들을 만들어 주었던 하나뿐인 나의 가족들과 그렇게 이별을 하고 있었다.

짧은 순간이었지만 나는 강렬하게 우리 가족이 그리웠다. 그리고 나 때문에 슬퍼할 가족들의 모습이 그려지기 시작했다. 그 기묘한 경 험은 아마 내 인생에 있어서 절대 잊혀지지 않을 것이리라. 그 시간 이 지나자 마지막 순간이 다가왔다.

"
살고 싶다는 생각을 하게 되었다.
간절히!
"

그 느낌은 여전히 선명하다. 절대적인 죽음이 눈앞에 와있었고, 정 말 간절하게 살고 싶다고 마음속으로 외쳤다. 살고 싶었다. 첫 번째, 두 번째의 깨달음이 3할, 나머지 살고 싶은 생각이 7할쯤 되었을 것 이다. 처음으로 삶의 소중함을 진지하게 느껴봤던 순간이었다.

05 그렇게 한강 깊이 빨려 들어갔다 : **63**

'살고 싶다. 조금만 더. 5분만이라도. 5분만이라도 내게 시간이 주어진다면!'

풍덩! 그렇게 나는 한강에 빠졌다. 깊은 물 속에서 검은 손이 내 발을 잡고 하염없이 끌고 내려가는 느낌이었다. 살을 에는 듯한 수온을 느낄 틈도 없이 정신적인 붕괴가 일어나고 있었다. 그리고 머릿속엔 온통 한 단어만이 떠올랐다.

'살고 싶다.'

얼마나 시간이 지났을까? 정신을 가다듬어 보았다. 살아있다는 것이 느껴졌다. 그렇다. 나는 물속에서 자유로운 몸이었다. 한국체대에 입학해 억지로 가입하게 된 수영동아리에서 수영을 배우고 가르치지 않았던가! 지금 생각해 보면 나비효과를 체감할 수 있었다. 그때 만약 축구동아리로 들어갔다면 이 글을 쓰고 있지도 못하겠지. 숨을 참고 있던 나는 살아야겠다는 생각이 먼저 들었다.

눈을 떴다. 아니나 다를까, 아무것도 보이지 않고 어느 방향이 수면인지도 짐작할 수 없었다. 보통 사람들이 물에 빠지면 허우적거리면서 힘을 뺀다. 하지만 나는 그런 사람들에게 수영을 코칭했던 수영강사 출신이었다. 공기를 들이마신 내 몸은 가만히 있으면 수면쪽으로 떠오른다는 것을 본능적으로 느끼고 있었고, 그렇게 방향을 잡자마자 수면을 향해 팔과 다리를 휘젓기 시작했다. 조금씩 수면이 가까워지고 있다는 것을 느끼면서 부족한 호흡을 꾸욱 참으며 위로 올라갔다. 그때 나를 감싸고 있던 것은 살고 싶다는 집념, 단 하나뿐이었다.

'푸하!' 수면 위로 올라오자마자 숨을 내뱉었다. 그리고 소리를 질렀다.

"이야!!!!!!!!!!!!!!!!!!!!!"

누구도 듣지 못했던 그 소리는 온전히 나에게 되돌아왔다. 아무도 내 이야기를 듣지 않았지만, 달빛이 비추던 그날 밤의 내 외침은 영원히 내 가슴속에서 재생되는 명장면이 될 것이다.

추운지도 몰랐다. 나에겐 오직 살아났다는 즐거움과 빨리 가족들에게 전화를 하겠다는 마음뿐이었다. 계단을 올라가고, 신발과 옷가지들을 벗어놓은 그곳으로 재빨리 뛰어갔다. 물에 젖어 있었고 바람이 세차게 불고 있었지만 내 얼굴은 한겨울 따뜻한 이불에 있는 것처럼 행복했다. 구두를 신고 옷을 입었다. 휴대폰을 확인한 후, 다시 한 번 크게 소리쳤다.

"이야!!!!!!!!!!!!!!!!!!!!!"

다른 어떤 말도 하지 않았다. 그리고 바로 엄마에게 전화를 걸었다.

"엄마!"

"응, 아들!"

수화기 너머로 엄마 목소리가 들렸다. 그리고는 곧바로 전화를 끊었다. 너무 반가워서 그런지 터져나오는 울음을 멈출 수 없었다. 다시 걸려오는 엄마의 전화를 받지 못하고, 갑자기 미팅이 생겨서 조금 뒤에 전화를 걸겠다는 문자를 남겼다.

"흐흐흐흑"

천호대교 중간 지점. 나는 쭈그려 앉아서 하염없이 울고 있었다. 슬퍼서 흘리는 눈물이 아니라 너무 기분이 좋은 감정과 죄송스러운 감정이 섞인 이상한 감정이었다. 나는 그렇게 눈물을 닦으며 이를 악물었다.

나에게는 여전히 4,000만원의 빚이 있었지만, 희망이 넘쳤다. 뭐든지 할 수 있을 것 같은 자신감이 내 전신을 휘감았다. 살아있다는 것 자체에 대한 감사함을 비로소 느끼게 된 때였던 것이다. 그때서야 나는 중요한 사실을 깨달았다.

> **"**
> 세상은
> 감사할 일이 넘친다!
> **"**

06

**아저씨,
그거 어떻게
하는 거예요?**

다시 태어났다. 환경은 변하지 않았지만, 하루를 시작하는 내 기분은 언제나 상쾌하게 시작되었다. 전전긍긍하며 어떻게 돈을 갚아야 하나 고민만 하던 내가 아니었다.

당장 내가 할 수 있는 일을 준비했다. 그건 바로 취업이었다.

당시 나는 한 달에 원금과 이자로 약 200만원을 갚아야 했다. 원금 4,000만원의 이자가 매달 80만원이었다. 그때 이후로 나는 절대 사채를 쓰지 않게 되었다. 여하튼 나에겐 한 가지 특기가 있었으니, 그 것은 나를 살게 만들어 주었던 수영이라는 기술이었다. 당시 내가 이력서에 쓸 수 있는 유일한 특기인 수영 생활체육지도자 자격증이 바로 그것이었다.

이력서를 꾸미고 수영강사로 취직할 생각에 잠겨있었다. 하지만 가만히 계산을 해보니 도저히 수지타산이 맞지 않았다.

'한 달 원리금으로 200만원이 나가고, 월세에 이것저것 포함하면 적어도 300만원이 유지비잖아? 어떻게 해야 하지?'

당황스러웠다. 평범한 수영강사의 평균급여는 월 200만원 정도였다. 그래서 나는 급하게 선배들에게 도움을 요청했다. 현재 돌아가는 생태계를 알기 위해서였다. 전화를 걸었다.

"동민아, 오랜만이다!"

"네. 형님! 잘 지내세요?"

"잘 지내지! 너는 요즘 사업은 잘되가나?"

"아뇨. 사실은요."

선배에게 한강의 일은 비밀로 한 채 그간의 사정을 말했다. 선배는 안타까워 하면서 좋은 방법이 있다고 말했다. 솔깃했다. 당시 나에겐 당장의 월 300만원이 필요했기 때문이다. 선배의 제안은 정말 괜찮았다. 그것은 평범한 수영장에서 근무를 하는 것이 아닌, 특급호텔의 수영강사로 입사하는 것이었다.

'OK, 이걸로 300만원은 해결될 수 있겠다!'

며칠이 지난 후 호텔에 입사를 했고, 새벽 6시에 출근해서 오후 2시까지 근무를 하게 되면서 하루를 굉장히 길게 사용하게 되었다. 하지만 나에겐 그 다음 숙제가 남아 있었다.

'일단 급한 불을 끄는 것은 해결이 되었다. 하지만 원금상환은 어떻

게 해야 할까? 직장을 다니며 월급을 받는다면 몇 년이 걸릴지 모른다. 게다가 이자가 터무니 없으니.'

돌파구가 필요했다. 유지비를 제외하면 월급에서 남는 것이 없었다. 원금을 갚아나갈 그림이 도저히 그려지지 않았다. 역시 돈을 벌기 위해서는 사업밖에 답이 나오지 않았다. 누군가에게 월급을 받아서는 현 상황이 해결되지 않았고, 스스로 돈을 만들어 내야 했다. 2시에 퇴근을 하면 하루종일 어떻게 돈을 만들어 낼 수 있을까만 고민하고 다녔다.

하늘이 내 마음을 알아준 것일까? 천호역 로데오거리를 지날 때였다. 길거리에서 노점상을 하는 아저씨를 보았는데, 신기한 것을 팔고 있었다. '셀카봉'이었다. 인터넷에서 사용하는 사람들은 몇몇 봤지만 실제로 보기는 처음이라 잠깐 지켜보고 있었다. 아저씨는 의자에 앉아서 손님을 기다리는 노력 말고는 어떤 힘도 들이지 않았다. 그런데 신기하게도 사람들이 셀카봉을 사는 것이 아닌가?

> **아! 저거다!**

머리에서 스파크가 일어났다. 어떤 노력도 하지 않는데 사람들이 먼저 물건을 보고 구매를 한다는 것은 당시 나에겐 엄청난 일이었다.

장사라는 것은 관심이 없는 사람들에게 호기심을 일으키고, 구매욕구를 불러일으켜야 하는 것이라 생각했던 나는 바로 그 느낌이 왔다.

'내가 알고 있는 장사 노하우에 저 아이템이라면!'

셀카봉을 판매해 보고 싶어졌다. 한가하게 의자에 앉아서 셀카봉을 판매하고 있는 아저씨에게 다가갔다. 그리고 말을 걸기 시작했다.

"안녕하세요. 아저씨!"

아저씨는 물끄러미 나를 올려다보며 대답했다.

"네, 사시려구요?"

나는 배시시 웃으며 대답했다.

"아뇨, 셀카봉을 판매해 보고 싶어서요. 혹시?"

대화는 간단하게 이어져갔다. 나는 셀카봉을 판매하고 싶다는 의사를 밝혔고, 아저씨는 잠시 고민하는 것 같더니 도매업자의 번호를 알려주었다. 그때 셀카봉의 판매가는 5,000원이었고, 도매가는 2,700원이었다. 단, 도매가에 사려면 한 번에 100개를 사야 했다.

'하나를 팔면 2,300원의 마진이 남게 된다. 100개를 팔면 23만원!'

한 번 100개를 구입할 때마다 나는 23만원씩 버는 셈이었다. 얼핏 계산을 해도 1주일에 적어도 100만원의 수입을 올릴 계산이 섰다. 100개를 팔 수 있다는 자신감은 천호역에서 셀카봉을 팔던 아저씨의 수입을 보고 확신했기 때문이다. 가만히 의자에 앉아서 하루 평균 40개의 재고를 털었으니 말이다.

도매상에게 100개의 셀카봉을 받았다. 아이템은 준비되었다. 문제

는 어디서, 어떻게 판매해야 할지가 고민이었다. 지금 생각해 보면 이때부터 나의 사업에 대한 생각의 깊이가 서서히 발전하고 있었던 것 같다.

당시 내가 고민했던 방법이다. 그리고 이것을 토대로 나는 사업을 할 때마다 같은 원리로 진행해 나가고 있다.

❖ **내가 판매하고자 하는 아이템은 무엇인가?**
  셀카봉

❖ **셀카봉은 어떤 아이템인가?**
  셀프사진을 찍는 것을 도와주는 새로운 아이템

❖ **셀프사진을 찍는 사람들은 누구인가?**
  아무래도 연령층이 높은 층보다는 낮은 층, 남자보다는 여자가 많이 찍겠지.

❖ **그들이 모여있는 곳은 어디인가?**
  학교와 학원가에 몰려 있겠지.

❖ **직접 판매할 것이라면 어느 곳을 가겠는가?**
  젊은 여자들이 많은 곳, 미대 입시학원 근처나 여중·여고, 여대 앞이 좋겠다.

❖ **그곳에서 어떻게 팔 것인가?**
  피켓을 제작하고 시선을 끌어 모으는 방법을 고민해 본다.

❖ **구체적으로 어떤?**

일반 셀카와 셀카봉을 활용한 셀카의 차이점이 극명하게 보여
지는 피켓을 제작한다. 그리고 셀카봉을 직접 들고 다니며 홍보
를 한다.

고객들이 가장 몰리는 시간은?

방과 후

방과 후에 판매를 하면 잘 팔리겠는가?

등교시간보다는 나을 것이다.

판매에 필요한 모든 것이 준비되었는가?

생각해 보니 가판대가 없다. 구해야 한다. 그리고 자리를 구할
수 있을지 불투명하다.

이런 식으로 꼬리에 꼬리를 무는 질문을 나에게 던지며 해답을 찾
아 나갔다. 나중에 알게 되었지만 이것이 그 유명한 '소크라테스의
문답법'이었다. 머릿속에 그려지는 희미한 아이디어들이 점점 구체
적으로 바뀌면서 현실적인 모습이 되어갔다. 나는 예전의 내가 아니
었고, 우유부단하던 내 모습은 점차 사라져갔다.

일주일 정도가 흘렀을까? 나는 내가 계획한대로 사업을 진행할 수
있었다. 완벽한 계획은 없었지만 치밀하게 짜여진 계획은 현실에서
의 예상치 못한 리스크를 줄일 수 있었다. 그것도 상당히 높은 비율
로 말이다. 예상했던 변수들은 대부분 실제로 일어나게 되었고, 준비
했던 해결책들이 적재적소에 쓰이며 위기들을 해결할 수 있었다.

가령, 노점을 하는 것 자체가 불법이다. 그래서 많은 주변 상인들로부터 안좋은 소리를 들을 수 있다. 이것은 충분히 예측할 수 있는 문제였다. 첫 장사를 시작했던 곳은 S여대 앞이었는데, 정문 앞에서 장사를 하기 위해서는 주변 상인들에게 양해를 구하는 것이 필요했다. 이유는 간단했다. 그들이 훗날 안좋은 일을 만들 수 있기 때문이다.

이익에 밝은 사람들인지라 감정에 호소하는 전략을 택했고, 그것은 꽤나 잘 먹혔다. 젊은 나이에 빚을 지고 열심히 갚아나가기 위해 장사를 하는 청년의 모습은 그들의 마음에 공감을 자아내는데 성공했고, 거기서 멈추지 않고 셀카봉을 홍보해 주는데 큰 역할까지 해주었다.

나는 단지 장사를 시작하기 하루 전날, 장미꽃 한송이씩 돌리면서 3분 정도의 대화만 나누었을 뿐이다. 하지만 그 3분은 내가 편하게 장사할 수 있도록 환경을 제공해 준 소중한 3분이었다.

이처럼 리스크를 관리하는 능력은 사업을 함에 있어서 굉장히 중요했다. 하지만 역시나 현실은 예상치 못한 일들도 발생하기 마련인데, 사복경찰의 등장이나 (사실은 휴무날 지나가던 경찰이었다) 잠깐 홍보하러 간 사이 셀카봉을 훔쳐가는 사람들 등등 전혀 예측하지 못했던 일들도 발생했다.

그럼에도 불구하고 기분이 좋았던 것은 하루에 셀카봉 100개를 파는데 3시간이 채 걸리지 않았기 때문일지 모른다. 셀카봉은 대박이 났고, 가격이 저렴한 편이었기 때문에 쉽게 고객들의 지갑이 열렸다.

하루 장사가 끝나면 약 30만원의 수익이 생겼다. 어느새 주업인 호텔 수영강사보다 더 많은 돈을 만들어 내기 시작했고, 이는 주변 사람들에게 굉장한 관심을 불러일으켰다. 처음엔 내가 장사하는 모습만 보여주려고 했지만, 어느 순간부터 후배들과 함께 장사를 하고 있었다.

"
정보는 돈이 된다!
"

뒷장에서 자세히 다루겠지만, 우리가 살고 있는 시대에서는 정보가 돈이 된다. 나는 책에서나 나올 법한 그 말을 셀카봉을 팔면서 실제로 경험했다. 사람들은 정보를 좋아한다. 내가 말하는 정보라는 것은 아직 공개되지 않은, 즉 사람들에게 말해도 이해하지 못하는 새로운 정보를 뜻한다. 그 새로운 정보는 가치가 더해져 돈을 만들기 때문이다. 셀카봉이 그랬다.

후배들과 함께 장사를 하다가 첫 독립을 시켰다. 장사를 도와주던 후배에게 독립을 해보라고 권했다. S여대 앞에서의 충분한 경험이 있으니 분명히 내가 함께하지 않아도 잘할 후배였다. 단, 조건이 있었다.

"이제 혼자서 해볼 때가 된 것 같아."

"제가요?"

"그럼, 장사하는 법은 다 알고 있잖아."

"그건 그런데. 아직 많이 부족해요."

"걱정마, 그런건 형한테 맡겨!"

막상 혼자 하려니 힘들어 하던 후배에게 나는 제안을 했다. 모든 재고는 내가 책임지는 대신, 판매금의 20%를 나에게 공유하는 방법이었다. 즉, 노점 프랜차이즈가 시작된 것이다. S여대 앞의 조그마한 셀카봉 노점은 K대학교 상권으로 번지기 시작했다.

그러자 신기한 일이 발생했다. 자리가 좋았는지, 후배의 노점에서 일어나는 매출이 엄청나게 컸다. 기본 100개를 들고 갔지만 3일이 채 지나지 않아서 150개씩 나가기 시작했다. 우리는 하루하루 일을 마치고 만나서 이야기를 나누다 헤어졌는데, 그때마다 나에겐 현금 흐름이 생겨났다.

> **"**
> # 일을 하지 않아도 돈이 생기는 것이다!
> **"**

순간, 머리를 스치고 지나가는 생각이 있었다. '셀카봉 노점을 조금 더 퍼뜨리면 어떻게 될까?'라는 생각이 스파크처럼 일었고, 나는 그 생각을 실행에 옮겼다. 재빨리 장사하고 싶은 청년들을 모았고 (그

래봤자 대부분 인맥이 닿았지만) 1주간의 테스트와 교육을 통해 셀카봉의 달인들로 만들어 냈다. 그렇게 해서 만들어진 셀카봉 노점이 7호점까지 늘어났다. 그리고 그들 판매금의 20%는 내가 일을 하든 하지 않든 내 주머니로 들어왔다.

이렇게 공돈(?)이 들어오니 예전 같았으면 내가 하고 싶은 것을 하면서 매달 생기는 현금흐름을 가지고 재미있게 지냈을 것이다. 하지만 나는 변해 있었다. 과거의 습관이 다시금 올라올 때면 강한 다짐을 하면서 꾹꾹 눌렀다. 자기와의 싸움은 언제나 힘들었지만 이겨내지 않으면 어떤 결과가 나올지 알고 있었기에 질 수 없었다.

변한 것이 있다면 일에 쏟는 집중력이 바뀌었다는 점이었다. 나는 더 이상 S여대의 노점에만 집중하지 않았다. 곳곳에 배치된 노점들의 상황과 전략을 고민하는 시간이 많아졌다. S여대의 노점에 집중하기보다 다른 점포들을 관리하면서 후배들을 챙겨주는 것이 결과가 훨씬 좋았기 때문이다. 그때는 알지 못했지만, 지금 생각해 보면 '사업의 맥'이라는 것을 아주 약간 느끼고 있었던 시기였다.

하지만 변화는 언제나 일어났다. 승승장구할 것 같았던 사업이 순식간에 무너지는 것을 수없이 보아왔다. 얼마 전에도 잘나가던 휴대폰 시장이 정부의 정책 한 번에 무너지지 않았던가. 셀카봉 역시 그 조짐이 보이기 시작했다. 어느 순간 도매가가 조금씩 떨어지기 시작하는 것이었다. 기존의 얄팍한 생각을 가지고 있었다면 도매가가 낮아지는 것이 굉장한 행운이라고 여겼을지도 모른다. 하지만 판매가

잘되고 있는 상품은 가격이 쉽게 떨어지지 않는다. 누구나 알고 있는 상식이지만, 정작 눈앞의 이득으로 변장해서 내 앞에 나타나면 판단력이 흐려지기 마련이다.

많은 노점상에서 셀카봉을 사재기하기 시작했다. 도매상 분들은 이런 기회는 흔치 않은 일이라며 얼른 사가라고 재촉을 하기도 했다. 의아했다. 이문에 굉장히 밝은 상인들이 상식에 맞지 않은 행동을 하고 있으니 말이다. 주변에서는 나에게도 빨리 많이 사놓으라고 했으나 거절했다. 변화가 일어나면 그 즉시 행동하는 것보다 현상에 대한 생각을 깊게 한 다음 행동해야 했기 때문이다. 물론 그런 생각을 가질 수 있었던 것은 〈누가 내 치즈를 옮겼을까?〉라는 책에서 얻은 지혜였다.

아니나 다를까, 2주일도 채 되지 않아서 셀카봉 시장은 흔들리기 시작했다. 가격선은 전국 어디에서나 5,000원에 맞춰져 있었다. 하지만 모 대기업에서 셀카봉을 3,000원에 판매하기 시작했다. 우리가 도매가에 떼오던 가격이 2,700원이었다(물론 거래를 많이 하면서 더 내려가긴 했으나 시장의 도매가격은 2,700원이었다). 2,300원의 마진을 남기던 셀카봉이 순식간에 300원의 마진으로 내려간 셈이었다. 변화를 감지하지 못한 상인들은 그대로 무너졌다.

시장은 둔감하다. 타격이 그대로 하루만에 다가오지 않는다. 정보는 퍼지는데 시간이 필요하기 때문이다. 셀카봉 프랜차이즈는 그동안 준비해온 대로 빠르게 정리를 해나갔다. 우리는 모두 돈을 벌고

손을 뗄 수 있었다. 재고는 단 1개도 없었고, 팀원들은 평범한 직장인의 1년치 연봉을 모을 수 있었다. 나 역시 그랬다. 빚 4,000만원을 모두 갚았고, 남은 돈으로 부동산 자산을 구입했다.

처음으로 사업을 순탄하게 시작하여 마무리 지은 경험이었다. 사업이었을까? 누군가는 단순한 장사라고 부를지 몰라도, 그것은 지금 생각해도 완벽한 사업의 형태를 띄고 있었다. 사람들이 원하는 콘텐츠였던 셀카봉을 활용, 심리적인 판매방식과 대화법을 연구하며 즐거웠던 시간을 보냈던 시간들이었다. 가장 큰 이득은 혼자했던 사업이 아니라 팀을 꾸려서 진행했던 사업이라는 것이다.

> **"**
> ## 사업은 팀 게임이고,
> ## 개인은 팀에게 질 수밖에 없다.
> **"**

매일 새벽 호텔에 출근하면서도 힘이 들지 않았던 이유는 단 한 가지였다. 호텔이 내 인생의 승부처가 아니라는 점 때문이었다. 나에겐 사업을 해야 하는 이유가 있었고, 호텔에서의 시간은 그것을 실행하게 할 든든한 지원군이었기에 호텔 수영장에서도 항상 웃을 수 있었다. 근무가 끝나면 세상은 나의 놀이터가 되었기 때문이다. 밤새도록 고민해서 만든 전략이 시장에 먹혀 들어갈 때의 쾌감은 이루 말할 수

없기 때문이다.

그런 전략의 완성은 혼자였다면 불가능했을 것이다. 함께 머리를 맞대고 브레인스토밍을 했던 팀이 있었기에 가능했다. 노점 프랜차이즈를 하면서 크게 얻은 것은 팀을 꾸려서 일을 하다보니 사람이 가장 소중한 자산이라는 점을 배운 것이다. 돈은 부가적인 것에 불과했다. 정말 큰 자산은 사람이었고, 처음부터 끝까지 사람이었다.

결국 사업은 사람이었던 것이다. 그렇게 노점사업을 정리하면서 나는 다른 사업을 구상해야 했고, 수많은 시행착오를 거친 후에야 어떻게 사업을 해야 하는지 어렴풋이 머릿속에 그림이 그려지기 시작했다. 그리고 그림을 현실로 바꾸는 과정은 힘들었지만, 거짓말처럼 나의 사업은 성장하기 시작했고 빛이 보이기 시작했다.

제가 1시부터
공원에서
강의를 합니다

나는 그렇게 사업의 세계로 조금씩 다가가고 있었다. 아이스크림 장사를 시작으로 게임머니 교환사업, 네트워크마케팅사업, 휴대폰 판매사업, 노점 프랜차이즈 등 내가 할 수 있는 사업이라면 닥치는 대로 도전했다. 물론 반짝 잘되던 때도 있었지만 그것은 그저 순간의 소득에 불과했다.

부자들은 사업을 통해 부를 쌓았지만, 사업을 한다고 모두 부자가 되는 것은 아니었다. 부자가 되고 싶다는 생각에 사로잡혀 주위의 많은 환경들을 놓치고 지내온 지 7년이 흘렀다. 그때는 무엇이 잘못된 것인지조차 깨닫지 못하고 있을 때였다. 무엇부터 잘못된 것인지 바로 잡기 위해 한참을 고민하던 시기였다. 그러다가 문득 실제로 성공한 부자들의 비법이 궁금했다.

당시 나는 나폴레온 힐의 〈놓치고 싶지 않은 나의 꿈 나의 인생〉에 영향을 많이 받았다. 그는 성공철학을 정립시킨 세계적인 리더였고, 그 철학은 아직까지 후대에 큰 영향을 끼치고 있었다. 그의 책 마지막에는 이런 구절이 담겨있다.

"

마음가짐이 중요하다.
공포란 인류 공통의 고민이며
아무리 애를 써도 그 안에서 벗어나지 못할 것이다.
그러나 대부분의 공포는
생각 하나로 극복할 수 있다.
공포는 우리가 우유부단함을 없애고
의혹을 버림으로써 극복할 수 있다.

우리는 손으로 만질 수 있는 부를 구축할 수도 있으며,
또 눈에 보이지 않는 부도 이룩할 수 있다.
그러나 손에 만져지는 부, 특히 돈은 가볍게 생각하면 안 된다.
우리는 돈 때문에 행복해지고 장수할 수 있다.
더불어 마음의 평화도 가질 수 있다.

성공에는 설명이 필요 없다. 마찬가지로 실패에 변명은 필요 없다.

우리의 핑계는 결국 우리를 묶어 버릴 따름이다.
인생의 성공철학을 숙지한 지금은 모든 핑계가 사라졌다.

나는 힐을 동경했다. 그리고 그의 길을 돌이켜 상상해 보았다. 그의 생애 가장 큰 도전과 변화의 시작은 부자 인터뷰였다. 책을 읽으며 '아, 힐은 부자들을 만나며 습관을 파악하고 자신에게 스스로 적용하여 부자가 되었구나'라는 생각을 했고, 나는 그것을 실행에 옮겼다. 한국판 나폴레온 힐의 탄생이었다.

먼저 부자들의 리스트를 뽑아야 했다. 리스트업을 하는 기준은 '자수성가'로 부를 쌓은 사람들이었고, 되도록 젊은 부자들을 타겟으로 삼았다. 나는 빠르게 부자가 되고 싶었고, 그 방법에 목말라 있었다. 리스트업을 하면서 느꼈지만 내 주변엔 자수성가형 부자들이 정말 극소수에 불과했다. 당시에 가르침을 받던 멘토님을 첫 대상으로 부자 인터뷰가 시작되었다.

약 3개월간 30여 명의 부자 인터뷰를 진행했다. 인터뷰를 하고 나면 그 다음 인터뷰 대상을 추천받는 식으로 진행했었는데, 나는 거기서 하나의 깨달음을 얻게 되었다. 부자들의 주위엔 부자들이 많다는 것이었다. 게다가 굉장히 다양한 사업분야의 인맥들이 퍼져 있었다.

보통 같은 분야의 사람들끼리 친해지기 마련이다. 수영강사로 근무할 때 내 주변엔 수영강사들이 많았고, 휘트니스에서 근무할 때는

트레이너들의 인맥이 형성되었다. 다른 경우에도 크게 벗어나지 않았다. 하지만 부자들의 세계는 그렇지 않았다. 자기 분야의 사람들과 인맥을 형성하는 것도 중요하지만 전혀 다른 분야의 사업가들끼리의 인맥을 중요시 여겼다. 그리고 그들은 이를 네트워킹이라고 표현했다.

결과적으로 나는 부자 인터뷰를 통해 굉장히 많은 데이터를 구축할 수 있었다. 다양한 분야에서 사업을 성공적으로 이끌고 있는 사업가들과의 인맥과 정보교류를 통해 나의 사업시야는 확연히 넓어졌다. 그리고 전에는 깨닫지 못했던 것들이 보이기 시작했다. 이것이 상당한 정보의 가치를 가지고 있다고 판단한 나는 이것을 사업화하기 시작했다. 1세대 성공철학의 대가인 나폴레온 힐의 그것을 벤치마킹했던 것이다.

처음 시도한 첫 사업은 자수성가한 부자들의 노하우를 정리하여 강의로 파는 것이었다. 그리고 그 다음 강의로는 나의 개인적인 틈새재테크 노하우를 강의로 판매하는 형태였다. 1단계는 부자들의 노하우 강의를 1만원에 판매하는 것이고, 그 다음 2단계는 틈새재테크 노하우 강의를 3만원에 판매하는 것으로 나의 첫 교육사업은 기획되었다.

약 30명의 자수성가한 부자들의 이야기를 정리하는 것은 나에게는 꽤나 즐거운 일이었고, 실제로 정리하면서 일련의 깨달음을 얻을 수 있었다. 약 3개월 동안 고생해서 모은 노하우를 1만원에 판매한다

07 제가 1시부터 공원에서 강의를 합니다 ┆ **83**

는 것이 만족스럽지는 않았으나, 첫 교육사업이라 과연 잘 팔 수 있을까 하는 생각이 더 컸다. 그것이 가장 큰 걸림돌이었다.

그런데 막상 교육사업을 시작하려고보니 처음부터 문제에 봉착했다. 무언가 할 이야기는 많이 있었는데 강단에서의 강의경험이 부족했다. 그래도 예전과는 달라진 것이 있었다면 자수성가한 부자들을 인터뷰하면서 어떻게 목표에 접근하는지 알고 있었다는 것이다.

> **"**
> ## 그래서 생각해낸 해결책이 바로
> ## '길거리 강의'였다.
> **"**

아무런 인지도도 없는 나를 불러줄 강단은 존재하지 않았다. 나 역시도 나 같은 강사는 섭외하지 않을 것이다. 결국 강의 경험을 쌓기 위해 노점장사를 했던 경험을 바탕으로 길거리에서 강의를 하기로 마음먹었다. 그게 가장 빠른 길이라 생각했고, 실제로도 그랬다. 나는 약 15분간의 강의내용을 준비했고(노블리스 오블리주), 하루에 1번씩 길거리 강의를 계획했다.

나의 첫 강단은 당시 내가 살던 천호역 현대백화점 앞이었다. 거기에 작게 마련된 나무 공간이 있는데, 첫 강의를 하려고 멀뚱히 서서 벌벌 떨고 있는 한 청년이 서있었다. 한참이나 가만히 거리를 쳐다보

다가 이내 한껏 소리를 쳤다.

"아… 안녕하십니까!"

사람들이 모두 나를 쳐다봤다. 어림잡아도 50명은 넘어 보이는 인파였다. 길거리를 지나던 사람들은 흘깃 쳐다보았고, 주변에 있던 사람들과 상인들은 나를 뚫어져라 쳐다보았다. 나는 무슨 말을 해야 할지 몰랐고, 그 자리를 빠르게 뜨고 싶을 뿐이었다. 바들바들 떨던 청년은 울리지도 않는 휴대폰을 귀에 대고 그 자리를 황급히 떴다.

"네? 아! 네!"

휴대폰은 여전히 아무 말이 없었다. 황급히 자리를 뜨면서 주위 시선을 살폈다. 식은땀이 송글송글 맺혀 있었다. 나의 첫 길거리 강연은 그렇게 끝이 났다. 속으로 생각했다.

'아이고 이놈아, 그렇게 떨면서 길거리 강의를 한다고? 퍽이나! 할거면 제대로 해봐라! 그 정도 배짱도 없이 어떻게 큰 사업을 하려고 하는거냐!'

틀린 말이 없었다. 배짱없이 큰 사업을 하는 것은 무리였다. 나에겐 꼭 넘어야 할 산이었던 것이다. 그리고 내 것으로 만들면 훗날 크게 도움이 될 것이란 것을 무의식중에 알고 있었다. 그렇다면 다음 길거리 강의는 제대로 해야 했다. 왜 여섯 글자만 내뱉고 꽁무니를 빼며 도망갔는지에 대해 스스로에게 질문하며 반성을 했다. 그리고 다짐했다.

'내일 길거리 강의를 끝까지 완수하지 못하면, 나는 절대 강의사업

제가 1시부터 공원에서 강의를 합니다 85

을 진행할 수 없다. 하지만 내일 도망치지 않고 끝까지 강의를 마친다면 나는 한 단계 성장할 수 있다.'

다음날, 두 번째 길거리 강의를 나갔다. 포인트를 인근 공원으로 옮겨서 아이들과 엄마들에게 강의를 할 목표를 가지고 있었다. 그렇게 어린이집 공원에 도착해 보니 아뿔싸, 어린아이 한 명과 젊은 엄마 단 두 명이 공원을 지키고 있었다. 당황했다. 어떻게 강의를 해야 할지 고민하다 문득 생각이 들었다.

'지금 내가 왜 고민하고 있는 걸까? 나는 재미있는 강의를 준비했고, 그것을 공짜로 듣게 해주는 기막힌 특권을 주는 것인데!'

나는 나에게 최면을 걸듯이 속으로 계속 되뇌었다. '특권을 주는 것이다' '특권을 주는 것이다' 그리고 아이와 엄마에게 다가가서 이야기했다.

> **"**
>
> 안녕하세요!
> 제가 강의 연습을 해야 하는데 관중이 없네요.
> 15분 정도만 제게 시간을 주시겠어요?
> 정말 재미있는 강의를 보여드릴게요!
>
> **"**

아이는 멀뚱멀뚱 나와 엄마를 번갈아 쳐다보았고, 엄마는 빙그레

미소 지으면서 흔쾌히 수락해 주셨다. 약 15분간의 강의를 마치자 2명의 관객은 박수를 치면서 웃음을 선사했다. 그렇게 첫날의 인사만으로 끝난 길거리 강의는 2일차가 되어서야 서서히 피치를 가하게 되었다. 그렇게 3일차, 4일차 그리고 5일차 강의가 다가왔다. 하루 한 번, 길거리 강의를 반드시 하고야 말겠다고 선언한지 5일이 지난 날이었다. 점점 자신감이 붙어 점심시간 사람이 가장 많다는 천호공원으로 갔다. 아니나 다를까 메인광장에는 약 100여 명의 사람들이 몰려있었다. 대부분 점심을 먹은 뒤 쉬고 있는 직장인들이거나 공원에서 장기를 두고 계신 어르신들이었다.

1시에 강의를 시작하기로 정하고, 12시 즈음 천호공원에 도착해서 강의를 홍보하기 시작했다. 물론 아무것도 없이 강의시간과 강의장소, 그리고 열정뿐이었다. 장기를 두고 계신 어르신들과 커피를 마시며 대화를 나누는 직장인들에게 계속해서 홍보를 했다.

"제가 1시에 광장 강단에서 강의를 합니다! 꼭 보러오세요!"

이상한 눈으로 흘겨보는 사람들의 시선을 억지로 흘리면서 홍보를 멈추지 않았다. 100여 명의 사람들에게 그렇게 외치고 다니다 10분이 남은 12시 50분경, 휴식을 취하고 강의를 하기 위해 벤치에 앉아서 숨을 고르고 있었다. 그런데 직장인들이 우르르 공원을 빠져나갔다. 점심시간이 끝난 것일까? 내심 초조함이 밀려왔다. 어르신들의 반응이 그다지 좋지 않아서 직장인들에게 승부를 걸었었는데 그것마저 무산될 위기였다. 그 순간 저 멀리서 터벅터벅 강단을 향해 걸어

오시는 분들이 보였다. 장기를 두시던 4명의 할아버지들이었다. 그렇게 나는 관객 4명을 모시고 길거리 강의를 시작했다.

결론적으로 말하자면, 나는 그날을 마지막으로 길거리 강의를 더 이상 진행하지 않을 작정이었다. 내가 얻고자 했던 자신감과 시장에 대한 반응을 모두 얻을 수 있었기 때문이었는데, 참 재미있는 일이 벌어졌다. 4명의 관객 중 한 분이 나에게 1만원을 손에 쥐어주며 말씀하셨다.

"정말 재미있게 잘 들었네. 젊은이. 15분이 어떻게 흘러가는지 몰랐어. 장기보다 재밌네. 껄껄껄!"

등 뒤에서부터 소름이 돋았다. 무에서 유를 창조해서 세상에 내보인다는 것은 정말 짜릿한 경험이었다. 아무것도 없이 현금을 벌어낸 것이다. 과거의 나는 누군가가 만들어 놓은 시스템에 나의 노동과 시간을 투자하여 현금과 교환했다. 교환하는 날은 월급날이라고 불렀고, 월급날이 되어서야 나는 손에 현금을 쥘 수 있었다. 하지만 모든 것이 바뀐 것이다. 비록 1만원에 불과했지만, 나에게는 커다란 사건이었다.

그렇게 아무것도 없었던 나는 직접 부딪히며 교육사업의 세계에 몸을 날렸다. 3개월간 사업으로 벌어들인 수익은 1만원에 불과했다. 직장을 다녔다면 500만원 이상은 벌었을 거라고 혀를 차는 사람들이 많았다. 하지만 상관없었다. 그들과 나는 목표하는 바가 달랐기 때문이다.

88 ⋮ PART 1 사업 같은 소리 하고 있네!

나는 핑계와 변명보다 직접 뛰어드는 것을 택했다. 3개월 동안 쉬지 않고 일해서 번 돈이 1만원이라고 실망하지도 않았다.

"
수익의 크기보다 어떻게 수익을 만들어 내는지가
중요했다. 보통의 평범한 사람들은
이 차이를 깨닫지 못한다.
나는 500만원의 근로소득을 포기하는 대신
사업소득 1만원을 선택했다.
나는 그렇게 사업의 세계에 발을 담그기 시작했다.
"

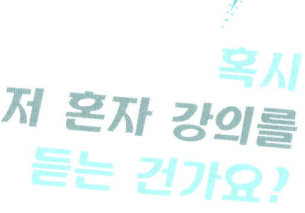

혹시
저 혼자 강의를
듣는 건가요?

사업은 언제나 해결해야 할 문제가 생긴다. 그 문제를 해결하면 빠른 속도로 성장함을 느낄 수 있는데, 이 해결점을 찾는 일에 많은 에너지가 사용된다. 무엇이 문제인지 파악하는 것과 어떻게 문제를 해결해야 하는지, 그것을 해결하는 방법은 무엇인지, 그 방법을 직접 할 수 있는지, 혹은 외부의 협력이 필요한지 등등 하나의 문제를 해결하는 것은 다양한 시도와 걸림돌을 제거하는 것에 있다. 나의 사업도 그랬다.

첫 매출이 일어나자 컨디션이 최고조에 다다랐다. 뭐든지 할 수 있을 것만 같은 마음에 첫 매출인 1만원을 들고 멘토를 찾아가 선물까지 전달했다. 그때까지는 좋았다. 시장에서 첫 반응이 있었다는 이유

만으로 기분이 날아갈 듯 기뻤던 것은 어느 사업가나 마찬가지일 것이다. 문제는 그 다음 계단이었다.

강의에 대한 자신감이 생겼으니 진짜 강의사업을 진행할 차례였다. 그때 문득 어려움이 닥쳐왔다. 당시에는 마케팅에 대한 이해가 전무했기 때문에 어디에 강의를 홍보해야 할지 전혀 몰랐다. 그래서 인터넷을 검색해 봤다.

'강연 홍보'

검색포털에서 눈에 띄는 사이트가 발견되었다. 그곳에 들어가 보니 여러 가지 강좌들과 교육들로 가득차 있었다. 바로 회원 가입을 하고 준비한 강의를 등록했다. 하지만 1시간 후 확인해 보니 한 명의 신청자도 없었다. 나는 속으로 '정말 좋은 내용으로 준비했는데 이런 기회를 놓치다니! 아쉽다'라며 기회를 놓치는 고객들을 걱정했다. 3시간이 흘렀는데도 신청자는 없었다. 6시간, 12시간, 24시간이 흘렀어도 마찬가지였다. 신청자는 0명이었다. 그때부터는 진지한 고민에 빠지기 시작했다.

'왜 아무도 신청하지 않을까? 문제는 고객이 아니라 나에게 있는 것인가? 그렇다면 현재 나의 문제점은 무엇일까?'

계속 고민을 하며 실마리를 찾고자 노력했다. 나와 같은 날 강의를 등록한 강좌들의 상황을 살펴보았다. 10개 가까이 되는 다른 강의들을 찾아본 결과 2개의 과정만이 수강생 모집에 성공했다. 수강생 모집에 성공한 2명의 강사와 나머지 8명의 차이는 극명하게 갈렸다.

디자인. 물론 다른 몇 가지의 차이점도 있을 수 있었겠지만, 가장 눈에 띄는 것이 디자인이었다. 나는 디자인을 전혀 알지 못했다. 포토샵이 뭔지도 몰랐던 시절이었다. 그렇기에 노란바탕에 빨간색 글씨로 강의 제목을 적어놓고 신청자들이 들어오길 기다리고 있었던 것이다. 8명의 강사들은 그런 비슷한 디자인(디자인이라고 표현하기도 애매하다)으로 시도를 했다. 반면에 2명의 강사는 전달하고자 하는 메시지를 명확하고 간결하게, 그리고 깔끔하게 디자인하여 올렸다.

> "
> 이상적인 목표를 정하고,
> 현실과의 괴리감을 파악하여
> 그 갭을 어떻게 줄일 것인가 고민해야 한다.
> "

가장 중요한 진리라고 생각한다. 그 후 포토샵 기술을 단 4일만에 배웠고, 그대로 실행하여 강의 공고를 올렸다. 예상대로 수강신청자는 1명, 2명… 6명까지 늘어났다. 하지만 그렇게 쉽게 사업이 순풍을 타지는 않았다.

첫 강의였다. 강의시간이 되자 강의실에는 나와 청중 단 1명만이 마주 보고 서있었다. 6명의 신청자 중에서 한 명만 참석을 한 것이다. 나도 정말 당황했지만, 단 한 명이었던 그 청중은 얼마나 놀랐을까?

우리는 서로 마주보고 당황한 기색을 감추지 못했다. 그렇게 10초 정도가 흘렀을까? 우리는 서로 솔직해졌다.

"혹시 오늘 저 혼자 강의를 듣는 건가요?"

"네. 6명 신청했는데 혼자 오셨습니다."

"아. 강의를 혼자 듣게 될 줄은 몰랐는데요. 조금 당황스럽네요."

"네. 저도 지금 당황했습니다."

한바탕 웃고 난 뒤 강의를 시작했다. 결과는 대성공이었다. 강의라고 하기엔 너무 넓은 공간에 단 둘뿐이었지만 서로는 만족했다. 참석자는 다음 단계의 컨설팅, 즉 2단계인 틈새재테크 노하우 컨설팅을 3만원에 구매했다. 내 강의사업에 제대로 된 첫 매출이 그렇게 진행되었다. 그 뒤로는 계속 반복된 작업을 통해 강의사업을 진행했다.

하지만 다시 위기는 찾아왔다. 강의사이트에 의존한 나의 비즈니스 모델은 지속성이 부족했다. 세미나에 10명, 20명, 30명을 꽉 채우고 싶었지만 그게 쉽지 않았다. 다시 한 번 생각에 잠겼다. 어떻게 하면 원하는 것을 이룰 수 있을까에 대한 생각은 예전의 수동적인 나의 생각들과는 정반대의 힘을 가지고 있었다.

일주일 동안 깊이 생각한 결과, 그 원인을 찾을 수 있었다. 그것은 자체 플랫폼의 유무와 온라인마케팅의 이해와 관계가 있었다. 나는 이 두 가지를 완성해야만 강의사업을 지속적으로 진행할 수 있음을 깨달았다.

모든 문제에는 원인이 있는 법이고, 그에 따른 적절한 해결책 역시

존재하는 법이다. 그렇게 나는 사업을 하면서 역경을 어떻게 딛고 일어나는지 몸으로 배웠고, 해결책은 아직 발견이 안 되었을 뿐 언제 어디서나 이미 존재하고 있다는 것을 경험했다. 만약 사업을 하다가 문제에 봉착하게 된다면 잠시 숨을 고르며 생각에 잠기길 바란다. 그 단순한 행위가 위대한 해결책을 선물할 것이다.

해답은 나왔다. 사업가들은 자체 플랫폼과 온라인마케팅을 온라인 비즈니스라고 불렀다. 온라인을 활용한 비즈니스를 성공적으로 진행하고 있는 사업가들은 내게 한결같이 말했다.

> **온라인시장에 대해 제대로 이해하면
> 큰돈을 벌 수 있을 것이다.**

그들은 실제로 돈을 벌고 있었다. 이제부터 내가 해야 할 일이 정해졌다. 온라인 비즈니스에 관련된 책들을 손에 잡히는 대로 읽었다. 1주일에 약 3~4권의 책을 읽으며 빠른 속도로 지식을 습득했다. 점점 온라인 비즈니스에 대한 지식들이 나의 머릿속에 쌓여가기 시작했고, 그렇게 쌓인 지식들은 지혜를 만들어 주었다.

지혜가 쌓이다보니 무엇부터 시작해야 할지 그림이 그려졌다. 그것은 정말 놀라운 경험이었다. '막연하게 이렇게 저렇게 하면 되겠지'

하는 애매한 것이 아니었다. 약 두 달간의 명확한 목표가 그려졌고, 그 목표는 잘게 쪼개어 하루씩 나누어졌다. 무언가가 확실히 완성될 것이라는 목표를 설정한 것은 귀중한 경험이었다.

〈18시간 몰입의 법칙〉의 저자 이지성 작가는 몰입에 대해 이렇게 이야기한다.

1. 눈을 뜨자마자 일을 생각하라.
2. 머릿속의 모든 생각을 언제나 일에 집중시켜라.
3. 무조건 하루 18시간은 일을 하라(육체노동만이 일이 아니다).
4. 꿈속에서조차 일을 하기를 소망하라.

몰입은 완전히 그 일에 매료되어 있는 상태를 뜻한다. 일련의 모든 불필요한 활동들을 멈추고, 확실히 가야 할 길에 모든 시간을 투자하는 것이다. 돈이 없다면 투자할 것은 시간밖에 없다. 스티브잡스는 우리가 살아가는데 있어 가장 큰 자산은 '시간'이라고 이야기한 바 있다. 나 역시 온라인 비즈니스를 준비하면서 몰입상태를 처음으로 경험했고, 시간의 중요성을 깊이있게 깨닫게 되었다. 그리고 현실의 상황은 변함없었지만 내면의 변화는 나의 삶을 송두리째 뒤흔들었다.

확신에 차있었다. 책에서 습득한 수많은 지식들이 톱니바퀴가 되어 어떻게 움직이고 행동해야 할지 알려 주었고, 결과를 예측할 수 있게 도와주었다. 두 달이란 시간 동안 나는 하루 14시간 이상을 노트북 앞에서 시간을 보냈다. 주변에서는 무리하지 말라고 만류하기

도 했다. 하지만 나는 전혀 무리라고 느껴지지 않았다. 처음 경험해 보는 온라인세상은 나에게 신세계 그 자체였기 때문이었다. 사업을 한다는 생각이 들기보다는 그저 재미있는 장난감을 찾은 어린아이와 같은 호기심과 즐거움이 존재했을 뿐이다.

나는 그렇게 완전히 몰입상태에 빠졌다. 첫 달에는 수익이 없었다. 그래도 괜찮았다. 원래 수익화는 두 달째에 잡기로 목표했기 때문이었다. 그리고 목표가 틀리지 않았다면 두 달째에는 무조건 수익이 나오게 되어 있었다. 그 정도의 확신이 들만큼 나는 집중하고 있었다.

나는 그때의 집중과 몰입의 감을 잊지 못한다. 그리고 여전히 그때의 경험은 지금의 나에게 현명한 판단을 이끌어 주고, 결과를 만들어 주고 있다.

"

명심하라.
결과는 몰입상태에서 극대화되어 현실로 다가온다.
단순한 집중으로는 부족하다.
얼마만큼의 시간을 투자하는가는
개인의 상황에 따라 다르겠지만,
몰입의 순간만큼은 그 농도가
결과를 스스로에게 가져다 줄 것이다.

"

96 사업 같은 소리 하고 있네!

두 달간 노트북과 시간을 보내던 날, 드디어 나는 처음으로 무에서 유를 창조했다. 수익화에 성공한 것이다! 지금까지는 누군가가 만들어 놓은 시스템 속에서 돈을 벌어왔지만 이제는 그 시스템을 내가 직접 만들고 있었다.

당시 했던 일은 블로그를 제작해서 필요한 사람에게 판매하는 일이었다. 정확히 이야기하자면 블로그를 대신 관리해 주는 일이었다. 온라인 비즈니스를 공부하면 할수록 많은 사업자들이 마케팅 부분에서 어려움을 느끼고 있음을 알 수 있었다. 그래서 나는 그 부분을 집요하게 파고 들었고, 고객들은 나에게 블로그 관리를 요청하기에 바빴다. 관리에 필요한 원가는 약 10만원 정도였고, 이를 60만원을 받

고 관리를 했으니 블로그 한 개당 50만원의 차익이 생겼다. 두 달간의 노력으로 나는 2개의 블로그를 관리하여 수익화에 성공했다.

당시 내가 만들었던 블로그는 퀄리티가 좋다고 소문이 나며 주문이 폭주했다. 입소문을 타고 여기저기서 관리를 요청해 왔고, 나는 어떻게 해야 할지 모르는 행복한 고민에 빠져 있었다. 그때부터 나는 본격적인 사업시스템을 구축하기 시작했다. 그것은 정말 행복한 고민이었다.

그리고 사업은 혼자서 진행할 수 없다는 것을 다시 한 번 느꼈다. 나는 팀을 구축해야 했고, 그에 맞는 실력자들을 모으기 시작했다. 처음엔 나와 파트너, 둘이서 시작했다. 파트너는 직원이 아니었다. 함께 사업을 키워가는 입장이었기에 수익도 5:5로 나누었고, 우리는 함께 성장을 약속했다. 우리는 총 10개의 블로그 관리를 맡게 되었다. 이는 500만원의 수익 발생이 기대되는 거래였다. 우리의 배는 이제 막 출항을 했고, 나는 첫 동료를 만나 천군만마를 얻은 기분이었다.

그러나 항해에는 항상 거센 파도와 폭풍우가 기다리고 있듯이 사업도 마찬가지였다. 우리는 10개의 블로그 관리를 약속했으나 8개의 블로그 관리에 실패했다. 책에서 얻은 지식의 한계에 부딪힌 것이다. 자신만만 했던 나에게 다가온 첫 시련이었다. 파트너가 나를 사기꾼으로 알지는 않을까 걱정도 했다. 다행히 우리는 신뢰관계가 두터웠고 서로를 이해하면서 넘어갔지만, 두 번 다시 무지에서 오는 실수를 하면 안 되겠다는 다짐을 하게 되었다.

문제는 고객들이었다. 그들은 우리의 실력을 의심했다. 어떻게 그런 초보적인 실수를 할 수 있냐고 질책과 비난의 화살을 날렸다. 할말이 없었다. 전부 사실이었다. 책에서 얻은 지식이 전부인 양 사업을 진행한 나의 실수였기 때문이다. 즉시 사과의 문자와 함께 전화를 걸었다.

"정말 죄송합니다. 제가 사업을 처음 해보는 것이라 실수를 했어요. 다시 한 번 죄송하다는 말씀을 드립니다. 혹시 저희 때문에 피해를 입으신 것이 있다면 알려주세요."

있는 그대로 잘못을 인정하며 8개의 블로그 관리금액을 환불하기로 하고 고객들의 답장을 기다리고 있었다. 하지만 예상외로 고객들은 나에게 따뜻한 말을 건네주었다.

"어린 나이에 첫 사업이라 실수할 수도 있죠. 저희도 사정을 모르고 화부터 낸 것 죄송해요. 2개는 정말 잘해주셨는데, 이것처럼 한 번 더 부탁해도 될까요?"

만감이 교차했다. 나는 순간 가슴이 뜨거워짐을 느꼈고, 눈가에는 눈물이 맺혔다. 정말 감사했다. 단번에 침몰시킬 수 있었음에도 불구하고, 우리를 살려주었다. 그것도 모자라서 다시 한 번의 기회를 준 것이다. 반드시 해내고야 말겠다는 다짐을 하며 다시 일을 진행했다.

중요한 것은 8개의 관리실패의 원인을 분석하는 것이었다. 나와 파트너는 한참 동안 그 원인에 대해 연구해야 했고, 4일째 되던 날 원인분석에 성공했다. 그리고 그 분석을 토대로 해결책을 만들어 내는 과

머뭇거릴 시간이 없다. 바로 시작하라! **99**

정이 2일 걸렸다. 1주일도 안 되어 모든 일이 일사천리로 해결된 것이다. 다시 시작할 준비가 완료되었다.

우리는 고객들에게 만족할만한 블로그 관리서비스를 선사할 수 있었고, 이번에는 누수없이 10개의 블로그를 성장시켜 주었다. 두 번째 수입이 들어온 것이다. 그 뒤로는 우리의 사업방식이 입소문이 나면서 주문이 폭주하기 시작했다. 그 다음 주문은 20개, 그 다음은 40개, 총 80개까지 주문량이 늘어나면서 우리는 팀의 크기도 함께 늘려야 했다.

생각해 보라. 돈도 없고 인맥도 없고 지식도 없던 내가 현금을 만들어 내는 현상은 놀랍도록 신비로운 세계와의 만남이었다. 당시 파트너와 둘이서 시작했던 회사는 현재 광고마케팅회사가 되었고, 전체 직원 30명 규모의 회사로 성장했다. 나는 파트너에게 경영을 전부 위임하고 사업방향에 대한 조언만 하며 이익배당금을 가져오고 있다. 그리고 그 월 배당금은 웬만한 대기업 임원들의 월급을 훨씬 넘고 있다.

나와 파트너는 멋지게 새로운 섬을 만들어 냈다. 그리고 나는 현재 그 회사의 일을 하지 않지만 배당금이 충분히 들어오고 있다. 이처럼 새로운 섬을 만들어 본 경험은 나를 더욱 발전시켰다.

새로운 섬을 멋지게 만드는데 성공했다면 경제적으로나 시간적으로 자유가 찾아온다. 이것을 성공의 발판으로 삼으라고 이야기하고 싶다. 나는 이것을 만드는데 10년이 걸린 것이 아니다. 20년 동안 국

가를 위해 일한 것도 아니며, 엄청난 액수의 부동산자산을 사들인 것
도 아니다. 남들이 모르는 정보를 얻기 위해 애썼고, 그것을 내것으로
만드는데 공을 들인 뒤에 현실로 바꾼 것이다. 그것은 단 6개월이란
시간 동안 이루어진 것들이었다.

> "
> 새로운 섬을 만드는데 필요한 것은
> 노력과 시간, 그리고 꿈!
> 이 세 가지뿐이다.
> 망설일 이유가 아직 남아있는가?
> 그렇지 않기를 바랄 뿐이다.
> "

첫 파트너에게 광고회사의 경영을 맡기고, 월 이익배당이 500만원
을 넘어섰을 때 나는 새로운 사업의 길을 찾기 시작했다. 그것은 뒤
로 잠시 미루어 두었던 강의사업이었다. 과거의 내가 그토록 간절히
바랬던 것들을 하나씩 현실로 이루어내면서 깨달은 내용을 교육으로
만들어 시장에 선보이는 것이었다.

하지만 내용은 조금 바뀌었다. 이전의 강의내용들은 자수성가한
부자들의 습관에 초점이 맞춰진 강의였다. 하지만 직접 결과를 내어
보니 '창업'이 경제적·시간적 자유를 이루는데 최고의 방법이 될 수

있음을 깨달았고, 그것에 대한 강의를 준비해서 시장에 선보였다.

앞서 강의사업을 잠시 멈췄던 이유가 첫째, 자체 플랫폼의 부재였다. 이런 자체 플랫폼의 부재는 오프라인으로 따지자면 노점상에 그치는 것이었다. 나만의 가게가 온라인에 필요했고, 나는 그것을 멋지게 만들어 냈다. 둘째, 온라인마케팅의 부재였다. 사람들에게 강의를 알리는 것이 오프라인으로는 한계가 있다. 특히 요즘 시대에는 더욱 그렇다. 오프라인 광고가 중요한 것임에는 틀림없지만, 사람들이 시간을 쏟고 집중하는 곳은 온라인이다. 온라인에서 나의 강의를 알리지 못한다면 나의 강의사업은 진행되지 않을 터였다. 이 역시 광고회사를 키운 경험이 있기에 쉽게 해결되었다.

즉, 나는 강의사업을 잠시 미뤘던 두 가지 원인을 해결했다. 멈출 이유가 없었다. 나는 그렇게 창업교육을 준비했고 (창업분야 서적을 읽고 실제 창업과정에서 경험한 내용들이 대부분이었다) 플랫폼을 만들기 시작했다. 이제는 디자인을 어느 정도 할 줄 알기에 플랫폼을 만드는 데에는 일주일 정도 걸렸고, 곧바로 공격적인 마케팅을 진행했다. 결과는 놀라웠다. 온라인플랫폼과 온라인마케팅을 접목시켜 진행하니 이전 강의사업을 할 때와는 상황이 완전히 달랐다. 과거에는 10명의 수강생을 모으기 위해 엄청난 에너지 소비가 일어났다면 지금은 수강생 10명을 모으는데 걸리는 시간이 하루가 채 걸리지 않았다. 창업교육에 대한 시장의 니즈가 상승한 것도 영향을 미쳤을 것이다.

그렇게 해서 현재 진행 중인 창업교육 커뮤니티 '미핑캠퍼스'는

2015년 8월 시작하여 정확히 1년 6개월이 흐른 2017년 2월 현재 회원 수가 3,700명을 막 넘어섰다. 매달 약 200~300명의 멤버들이 증가한 것이다. 이곳에서 일어나는 매출은 창업교육과 배너광고 수익으로, 월 1,000만원 이상의 수익이 발생되고 있다.

> "
> 이렇게 나는 두 번째 섬을 만드는데 성공했다.
> 매달 1,000만원 이상의 수익을 올리는 데까지는
> 8개월이 걸렸을 뿐이다.
> "

창업교육을 하면서 세계적인 창업에 대한 역사와 사례 그리고 방법과 사상들을 익히면서 생각에 많은 변화가 일어났다. 바꿔 말하면 새로운 섬을 만드는 것에 최적화되어 생각들이 스파크를 일으켰다는 것이다. 사업화가 가능한 것들이 도처에 널려 있고, 실제로 그것들을 사업으로 일으키면서 또 다른 현금을 만들 수 있었다. 현재는 미평부동산, 자전거, 안경&렌즈 분야의 사업이 추가되어 총 5개의 사업체에서 현금이 들어오고 있다.

처음 시작할 때에는 무엇보다 힘들었던 것이 사업이었다. 정말 좋은 아이디어라고, 좋은 아이템이라고 생각했지만 고객들의 반응은 차가웠다. 그렇게 되니 자연스레 매출은 오르지 않았고, 고정지출을

막을 수 있는 현금은 점점 떨어져 갔다. 어떻게 생각하면 사업이라는 세계에 첫발을 딛은 나에겐 당연한 현상이었을지도 모르겠다. 다만 이제는 자신있게 이야기할 수 있다. 비즈니스 모델이 어떤 것이냐에 따라서 약간의 차이가 발생할 수는 있겠지만 사업의 핵심은 반드시 존재한다.

> **"**
>
> 사업의 핵심을 짚을 수 있다면
> 더 이상 창업을 망설일 이유가 없다.
> 하루에 조금씩이라도 시간을 내서 창업을 준비하고
> 멋지게 앞으로 나아갈 수 있기 때문이다.
> 누군가가 망설일 때 누군가는 기회를 포착하고
> 앞으로 나아가기 마련이다.
>
> **"**

나는 그렇게 5개의 사업을 운영하면서 쌓은 지식과 경험이 다시 나에게 돈을 벌어다 주는 시스템을 만들었고, 더 이상 돈 때문에 일에 얽매이지 않게 되었다. 중요한 것은 월 1,000만원을 버는 것이 아니라 월 1,000만원을 어떻게 벌어들이냐가 중요한 것이다. 그곳에 나의 시간과 노력이 얼만큼 투자되는가? 월 1억, 10억 이상의 매출로 성장할 수 있는가? 이 두 가지 질문에 명확히 답할 수 있다면 축하한

다. 새로운 섬을 발견한 것이다.

나는 블로그 관리에서 시작해 창업교육 사이트인 '미핑캠퍼스'를 만들기까지 2년이라는 시간이 소요되었다. 저축과 재테크로 부를 쌓은 것이 아니라 사업을 통해 소득 자체를 폭발적으로 끌어올리며 원하는 삶을 살게 된 것이다. 생존을 위해 일을 하는 것이 아니라, 인생을 원하는 대로 살아가며 가치 있는 삶을 만들기 위해 일을 한다. 독자 여러분도 삶에 대해 진지하게 고민해 보고, 이 즐거운 과정을 느끼고 경험하며 부와 행복, 원하는 삶을 살기를 바란다.

Start up

PART 2

1장

우물 밖을
벗어나라

시대의 흐름을 읽어라

배움이란 일생 동안 알고 있었던 것을
어느날 갑자기 완전히 새로운 방식으로 이해하는 것이다.
- 도리스 레싱

어린 시절, 숱한 알바를 하면서 속으로 생각하곤 했다.

'아, 부자가 되고 싶다.'

생각하기를 좋아했던 나는 상상에 빠지는 것을 즐겼다. 다양한 상상(?)을 많이 했지만 특히 즐겨했던 것이 있다면 부자가 되는 것이었다. 아주 막연하게 '부자가 되면 이것저것 모두 하고 싶어!'라는 상상수준이었지만 그래도 그런 상상을 할 때면 행복해졌다. 그런 행복이당시 알바생이었던 나에겐 즐거운 시간이 되어 주었다.

현실을 짚어봤다. 집이 경제적 위기에 처했던 대한민국의 평범한고등학생이었던 나는 열심히 공부를 하는 것이 정상이었으나 그렇지못했다. 공부는 실력으로 인생역전을 할 수 있는 유일한 탈출구라고

생각했던 시기였음에도 불구하고 공부를 하지 않았으니 어른들의 눈에는 얼마나 한심해 보였겠는가. 하지만 그 당시 나에게 중요한 것은 공부가 아니었다. 나는 빈곤에서 벗어나고 싶었고, 그 답은 아르바이트였다. 아르바이트를 하면서 큰돈은 아니었지만 또래 친구들이 즐기는 것들을 함께 즐길 수 있었다. 당시에는 그게 빈곤에서 벗어나는 것이라고 생각했다.

아르바이트를 하면서 나는 진짜 부자들을 만날 수 있었다. 그들은 영화에서나 볼 수 있던 차를 몰고 다니며 인생의 모든 것이 자유로워 보였다. 그 부자들은 나를 고용했던 사장님들이었다. 한 명은 오리고기집을 운영했는데, 바로 우리 고등학교 옆에 위치하고 있었다. 당시 나는 시급 3,000원이었지만 가게의 하루 매출은 항상 100만원이 넘었다. 나는 다행히 붙임성 있는 성격이어서 사장님들과 많은 이야기를 나눌 수 있었다. 그들은 아주 가끔 출근을 했지만 말이다. 어쨌든 중요한 것은 그들은 모두 직장을 다니는 것이 아니라 사업을 하고 있었고, 좋은 대학을 나오지도 않았다. 지금과 달리 당시 '좋은 대학은 곧 성공'이라고 생각했던 나에게는 새로운 발견이었다.

생각하는 대로 살지 않으면 사는 대로 생각하게 된다

좋은 대학이 곧 성공을 보장하던 시기가 대한민국에도 존재했다.

하지만 지금은 어떠한가? 좋은 대학이 성공과 큰 연관이 있는가? 대학은 좋은 직업을 가지도록 교육하는 곳이다. 적어도 지금까지 한국의 대학교육은 그렇게 흘러오고 있었다. 대학교와 전공학과는 수능점수에 맞춰서 가고, 대학에서는 일방적인 수강신청을 하게 된다. 진정한 배움은 자유와 사색에서 나오기 마련인데 그것이 무너져 있는 것이다.

'생각하는 대로 살지 않으면 사는 대로 생각하게 된다'는 말이 있다. 이 말이 정말 무섭게 느껴지게 된 것은 '생각을 하는 삶'을 살면서부터이다. 생각을 하기 전까지는 그 진의를 알기가 힘들었다. 모든 것은 인간이 만든 시스템에서 시작되고, 그 시스템을 만든 세력은 자신들이 만들어 놓은 시스템이 온전하게 탈 없이 굴러가기를 바란다. 한마디로 대중은 시스템에 합류하기를 원하고, 그 시스템 속에서 행복과 만족을 찾기를 바라게 된다.

그렇다. 생각하지 않으면 그 시스템에 완전히 순응하며 살아가는 방법을 택하게 되는 것이다. 아니, 택한다기보다 사회가 그것을 요구한다. 20~30대 많은 청춘들이 그 시스템에서 힘들어 하고 있다. 30년 전 대한민국 국민이었다면 쉽게 달성했을 목표가 지금 현재는 어떠한가? 모두가 목메고 있는 공무원 시험이 과거에도 그러했는가? 조금만 생각을 해본다면 그 해답을 찾을 수 있다. 그 시절에는 누구나 마음만 먹으면 공무원이 될 수 있었다면 믿어지는가? 오히려 공무원이 되어달라고 요청이 오던 시기가 있었다는 것과 그런 제안을

거절하던 상황이 상상이나 가느냔 말이다. 시대는 바뀌고 있다. 세계의 흐름을 알면 현재 우리나라의 위치가 보이기 마련이다.

지금부터 하는 이야기는 평범한 삶을 원하는 사람에게는 해당되지 않는다. 하지만 삶의 변화를 꿈꾸고, 부자가 되기를 누구보다 간절히 바라는 사람이라면 반드시 생각해 봐야 할 문제이다.

자유로운 사람이 부자다. 하지만 부자라고 자유롭지는 않다

부자란 어떤 사람들일까? 단순히 돈이 많은 사람이 부자인가?

내가 생각하는 부자의 정의는 '하고 싶은 것을 하고 싶을 때, 하고 싶은 사람과 함께할 수 있는 사람'이다. 즉, 자유로운 사람이 부자라는 것이다. 물론 그 자유를 얻기 위해 절대적으로 필요한 것이 바로 '부'다. 그러나 부가 있다고 반드시 자유가 따라오지 않는다는 점을 명심해야 한다.

평범한 방법으로는 절대로 부를 움켜잡지 못한다. 평범하다는 것은 대다수의 사람들과 똑같은 생활패턴을 가지고 삶을 살아간다는 것이다. 아침 일찍 일어나 출근을 준비하고, 회사에서 하루 반 이상을 보낸다. 그 다음 일정 역시 정해져 있다. 야근을 하거나 퇴근을 하는 것. 그 뒤의 시간들은 하루의 피로를 푸는데 사용이 된다. 그리고 그들은 5일의 근무를 마치면 2일의 달콤한 휴일을 즐긴다. 이처럼 이들

의 삶은 예측이 가능하다. 너무나 많은 사람들이 갔던 길이기 때문이다. 하지만 그들이 가는 그 길의 마지막은 절대 꽃밭이 아니다.

'급여는 더 많이 받아야 하고, 근검절약하며 저축을 해야 해! 우리 가족이 살만한 집은 한 채 가지고 있어야 하지! 나는 회사에 끝까지 남아 있을거야. 그러기 위해 오랜 시간 안정적인 직장생활을 할 수 있는 회사를 들어가야 해! 나의 노후는 회사가 책임져 줄거니까!'

이들은 중요한 사실을 모르고 있다. 경제적인 문제를 해결하기 위해 40년을 기꺼이 직장에서 일생을 보내는 것을 당연하게 받아들이고 있다. 하지만 40년 뒤의 행복을 위해 현재를 보내는 삶에는 자유가 없다.

부를 쌓는 방법은 이미 존재하는 섬을 떠나 새로운 섬을 만드는 것이다

그렇다면 부를 통해 자유를 얻는 것이 가능할까? 그렇다. 우선 부를 쌓기 위해서는 분명한 방법이 존재한다. 그것은 매우 단순한 원리로 설명이 가능하다.

그 방법은 이미 존재하는 섬을 떠나서 새로운 섬을 만드는 것이다. 새로운 섬을 만든다는 것은 부를 획득하고 자유를 얻는 것과 같은 말

이다. 나는 나만의 섬을 만들었고, 내 주변의 몇몇 자유로운 삶을 사는 부자들 역시 그들의 섬을 만드는데 성공했다. 그것이 큰 섬이든 작은 섬이든 상관없다. 중요한 것은 섬을 발견하고 개발하여 나만의 섬을 만드는 행위 자체에 있다. 그렇지 않는 한, 우리는 누군가가 만들어 놓은 섬에서 그들이 만들어 놓은 시스템대로 인생을 보내게 될 것이다. 비판적인 누군가는 소리칠지도 모른다.

"이미 모든 섬이 발견되어 나만의 섬은 어디에도 없어! 그리고 섬을 발견할 돈도 없다고!"

미안하지만 그 외침은 맞다. 그런 생각을 가지고 세상을 바라본다면 아마 그 외침이 그대로 인생에 적용되리라. 단, 생각을 조금만 바꾸면 희망이 있다. 좁은 시야에서 세상을 보는 것이 아니라, 넓은 시야로 세상을 바라보길 바란다. 그리고 마음을 열고 평온한 상태에서 차분하게 생각을 해보면 알 수 있다. 이 세상에 발견되지 않은 미지의 섬이 얼마나 많은지!

02

사회의
올가미에서
과감히 벗어나라

허송세월하며 할 일이 없는 사람은
악(惡)으로 끌려가는 것이 아니라 저절로 기울어 진다.
― 히포크라테스

부자가 되려면 누군가가 만들어 놓은 섬에서
직장을 구하는 것이 아니라 직접 나만의 섬을 만드는 것이다

매우 간단하다! 나만의 섬을 만든다는 것은 끊이지 않는 돈 나무를 얻는 것과 같다. 하루에 8시간 동안 일하지 않아도, 한 달 동안 해외여행을 다녀와도, 1년간 가족들과의 시간을 보내도 계속해서 돈이 쌓여가는 것이 바로 자신만의 섬을 만든 사람들의 삶이다.

주인이 없는 섬을 발견하고, 아름답게 개발하여 사람들이 몰려들게 만드는 과정이 바로 나만의 섬을 만드는 과정인 것이다. 물론 힘

든 과정이 있겠지만 포기하지 마라. 끝까지 밀고 나아가 사람들이 몰려드는 섬을 만든 특별한 사람들은 더 이상 일을 하지 않아도 된다. 한 번 만들어 놓은 아름다운 섬에는 계속해서 사람들이 돈을 쓰러 몰려들기 때문이다. 그들이 지불하는 돈으로 섬을 유지하기 위한 인력이나 가게, 항구, 여행사, 상점 등을 시스템으로 돌린다. 섬에는 점점 더 많은 여행객들이 몰려오고, 시스템을 돌리면서 남는 수익금은 더욱 커진다.

이것이 바로 나만의 섬을 만드는 방법이다. 이를 모르는 사람들은 언제나 의아해 한다.

"나는 정말 열심히 일하는데, 왜 부자가 안 되는거야?"

미안하지만 방법을 잘못 선택했다. 부자가 되려면 누군가가 만들어 놓은 섬에서 직장을 구하는 것이 아니라, 직접 섬을 만들어야 한다. 열심히 일하는 것은 기본이다. 열심히 입으로 바람을 분다고 해서 토네이도가 만들어지지는 않는 법이다.

정말 적게 쓰고 알뜰하게 저축을 하면 부를 쌓을 수 있을까?

우리 사회에는 현실을 외면하고 부정하는 기류가 있다. 부자가 되고 싶어하지만 정말 부자가 되고자 꿈을 외치는 사람이 나타나면 헛된 꿈을 꾸는 사람들이라며 손가락질 하면서, 착실하게 일하는 것이

최고의 미덕이라고 말한다. 무엇이 맞고 틀리고를 논하는 것이 아니다. 서로 바라보는 미래가 다른 것일 뿐이다. 다만, 진정한 부를 향해 가는 길이 거짓이라고 외치는 사람들의 생각이나 사고가 안타까울 뿐이다.

그들은 부를 향해 가는 방법이 적게 쓰고 많이 저축하는 것이라고 이야기한다. 이자율이 좋은 금융상품에 급여의 20%(이것도 많은 것이다)를 넣고, 주택마련을 위해 급여의 대부분을 대출이자로 써버린다. 그렇게 집을 마련하면 부자가 되고, 지금 투자하고 있는 투자상품이 잭팟이 되어 노후를 책임질 자산이 될 것이라고 생각한다.

하지만 그 방법은 부를 향하는 것이 아니다. 평범한 삶을 살기로 결심한 사람의 패턴이다. 만약 그 방법으로 부자가 된 사람이 있다면 나는 지금이라도 그 방법을 따를 것이다. 부를 만드는 방법은 추상적이고 막연한 것이 아니다.

부자를 꿈꾸지만 부자의 길을 가지 못하는 사람들의 특징

그런 과거의 나의 모습을 되돌아 보며, 부자의 꿈을 가로막았던 생각들을 정리해 보았다.

* 부자가 되고 싶었으나 방법을 모른다.

1장 우물 밖을 벗어나라 · **117**

- 자유로운 삶을 꿈꾸지만 실행에 옮기지 못하고 있다.
- 언젠가는 사업을 할 거라고 큰소리쳤지만 기약이 없다.
- 큰 부자들이 하는 이야기들은 허황되었다고 생각한다.
- 꿈들을 적어놓고 언젠가는 이루어지리라 생각만 한다.
- 직장만 다니면서 부자가 될 수 있다는 생각을 한다.
- 백만장자를 꿈꾸지만 한 달에 1,000만원의 수입도 올리지 못한다.
- 열정은 있지만 결과는 계속해서 나오지 않는다.
- 안 좋은 일이 생기면 외부환경에서 그 요인을 찾는다.
- 남들보다 월등하게 잘하는 것이 없다.
- 부자들이 어떻게 부자가 되었는지 정확한 방법을 모른다.
- 사실 부자가 된다는 것은 힘들지도 모른다고 생각한다.
- 창업을 하기 위해 전 재산을 투자하는 것은 내키지 않는다.

나는 과거의 모습에서 변화하기까지 2년이라는 시간이 걸렸다. 만약 이 책을 읽는 여러분들 중 과거의 나의 모습과 닮은 부분이 있다면 이 책에서 힌트를 얻기를 간절히 바란다.

03

결과가 아닌 과정에서 부가 쌓인다

혁명은 다 익어 저절로 떨어지는 사과가 아니다.
떨어뜨려야 하는 것이다.
— 체 게바라

사업을 할 것인가? 투자수익을 얻을 것인가?

현재 경제상황에 만족하지 않는다면 하고 있는 일에 변화를 주어야 한다. 누구나 부자를 꿈꾸지만 아무나 부자가 되지 못하는 이유는 어떤 일을 했느냐에 달렸다. 부를 쌓기 위해서는 철저하게 계획된 사업시스템을 구축해야 한다. 마음속으로는 수백 번 수천 번 사업을 쌓았다가 부셨다가를 반복했을 수도 있다. 하지만 그것은 어디까지나 상상 속의 일이다. 결국 수익이 변하지 않는다는 것이다. 결론은 직접 그 과정에 뛰어드는 것이다.

사업은 절대 한순간에 이루어지지 않는다. 이 세상 모든 것이 마찬

가지이다. 처음부터 잘되는 것은 없다. 수학을 잘하려면 숫자부터 알아야 한다. 영어 회화를 유창하게 하는 누군가를 보며 막연하게 영어를 잘하고 싶다라고 소망하는 것이 아니라 알파벳부터 공부해야 하는 것이다. 사업도 똑같다. 사업을 잘하기 위해서는 사업의 기초적인 부분들을 제대로 준비해야 한다.

하지만 대부분의 사람들은 창업을 결과만 바라보고 기대하는 심리가 있다. 왜냐하면 매스컴에서 끊임없이 성공한 창업자들의 이야기를 들려주기 때문이다.

- 김밥을 팔아서 300억원의 자산을 만들어 낸 CEO 이야기
- 푸드트럭 한 대로 시작하여 현재 10개가 넘는 푸드트럭 회사를 만든 청년들
- SNS로 한 달에 1억원을 넘게 버는 20대 사업가
- O2O서비스 스타트업을 매각하여 100억원대 현금을 움켜쥔 CEO 스토리

이런 성공스토리의 영향을 받아 결과에만 집중하는 직장인, 예비 창업자들이 많아지고 있다. 예를 들어 나만의 사업을 하는 것이 목표라고 가정해 보자. 이들의 생각의 흐름은 보통 이렇게 흘러간다.

- 직장이 너무 힘들다.

- 돈 모아서 사업이나 할까?
- 아니, 이번에 퇴직금 나오면 목돈이 생기는데….
- 1억원으로 할 수 있는 사업이 뭐가 있을까? 카페? 호프집? 음식점?
- 1억원 투자하면 한 달에 얼마나 벌 수 있을까?
- 오! 이렇게 많이 벌 수 있나? 이 정보가 정말일까?
- 투자를 할까 말까 고민이 되지만 창업컨설턴트의 말이 일리가 있기는 하네.
- 그래! 인생은 한 번뿐! 나만의 사업을 해보자!

이런 패턴으로 흘러가기에 대부분 시행착오를 빠르고 심하게 겪게 된다. 안타깝다. 1억원이라는 큰돈을 들여서 사업을 했지만 3년을 채 넘기지 못하는 경우가 대부분이기 때문이다. 이는 사업을 했다기보다 1억원을 투자하여 투자수익을 얻고자 했다고 보는 것이 맞을 것 같다.

무자본으로 시작해야 수익의 흐름을 볼 수 있다

나는 이런 사업의 시작을 극구 반대하는 편이다. 물론 실패의 경험은 다시 사업을 할 때 좋은 경험이 된다. 하지만 돈을 잃는 것은 다른

이야기가 아닐까? 첫 사업은 무자본으로 시작하는 것이 좋다. 실수를 했을 때 큰 자금을 잃지 않을 뿐더러 무자본으로 시작해야 어떻게 수익을 만들어 내는지 배울 수 있기 때문이다.

나 역시 온라인 사업에 뛰어들었을 때 무자본으로 시작했다. 아니 무자본으로 시작할 수밖에 없었다. 자금이 없었던 탓도 있었고, 당시에는 정부지원사업이나 투자유치에 대해서도 전혀 정보가 없었기 때문이다. 하지만 어떻게 해서든 사업을 하고 싶었기에 무작정 시작했던 것이다.

'무작정'이란 남들이 모르는 정보를 내 것으로 만들기 위해 치열하게 공부하고 연구하는 생활의 반복을 뜻한다. 게다가 연구에서 끝내는 것이 아니라 직접 실행해 보고 결과도 만들면서 기대했던 결과와의 간극을 메워야 하는 것이다. 당시 자본이 없던 내가 했던 첫 번째 사업 아이템은 바로 강의였다. 강의사업을 준비하며, 강의를 잘하기 위해 길거리 강의를 하고 다녔다. 적게는 1명, 많게는 4명의 관객 앞에서 준비했던 강의를 했고, 그들로부터 수고했다며 1만원을 받게 되었다. 그것이 내 사업체의 첫 매출 1만원이었다. 그렇게 시작한 사업은 현재 나에게 경제적 자유를 주었고, 4개의 자회사를 운영할 경제적인 기반을 마련해 주었다. 그 시작은 무자본으로 시작할 수 있는 비즈니스 모델을 찾은 것이었고, 이를 토대로 경제적인 기반을 마련해 나갔다. 만약 어떤 사업을 해야 할지 고민이라면 무자본으로 지금 당장 시작할 수 있는 아이템을 찾는 것이 현명한 방법이다.

지금 당장 할 수 있는 것을 찾아라

결과가 아닌 과정에 뛰어들라는 이야기는 여기에서 답을 찾아야 한다. 나는 거창한 사업계획을 떠들거나 테이블에서 고민하지 않았다. 즉시 내가 할 수 있는 것을 찾아서 실행했고 거기에 매진했다. 주말 아르바이트를 해가면서 사업운영비(생활비 정도였다)를 마련했고, 주중에는 계속해서 현장에 부딪히는 시간의 연속이었다. 정말 사업을 하고 싶다면 지금 당장 할 수 있는 것을 찾아야 한다. 아쉽게도 온전한 사회의 보장된 길만 걸어왔다면 홀로 매출을 올리는 법을 찾기는 매우 어려울 것이다. 하지만 미리 걱정할 필요는 없다. 내가 그랬듯이, 누구에게나 그렇다. 우리는 모든 것을 처음부터 잘하지 못한다.

그러니 부디 매스컴에서 찬사를 받는 이들의 스토리는 참고만 해두길 바란다. 그들의 결과만을 보고 사업을 시작하지 말기 바란다. 그들의 결과는 부러움의 대상이지만, 그들이 찬사를 받는 이유는 결과가 아닌 그들이 일궈낸 과정에 있음을 알아야 한다.

2장

창업자의 실력을 기르는 4가지 습관

01

가장 효율적인 공부는 독서다

교육의 목적은 비어 있는 머리를
열려 있는 머리로 바꾸는 것이다.
— 말콤 포브스

나를 강하게 만들기 위해서는 독서가 최고다

사업을 하는데 있어서 첫 번째 능력이 무엇이냐고 묻는다면 창업자의 실력이라고 답하고 싶다. 여기서 실력에는 여러 가지가 있을 수 있는데, 모두 다 잘할 수는 없다. 다만 다른 사람들이 가지지 못한 능력을 최대한 발휘하면 된다. 예외도 있겠지만 초기 창업자는 그리 뛰어나지 못한 실력으로 시작하는 경우가 많다. 나도 그랬다. 사업을 해야 하는데 도대체 뭐부터 해야 할지 감이 전혀 잡히지 않았다. 내가 잘하는 것이라고는 사람들과 조금 빨리 친해지는 친화력, 그것 말고는 없었다.

창업자의 실력을 기르는 4가지 습관　127

나는 남들과 다르지 않은 평범한 청년이었다. 다만 남들과 다른 무언가를 시작하고 경험하고 싶었다. 변화가 필요했다. 그때 내가 찾은 것이 독서였다. 독서는 아무리 강조해도 지나치지 않다. 나는 독서를 통해 다른 삶을 살게 되었다.

다양한 독서법이 있지만, 나는 읽은 내용이 이해가 되어야 페이지를 넘겼다. 당연히 속도는 느릴 수밖에 없었다. 처음 독서를 시작할 때에는 한 권을 읽는데 두 달 정도가 걸렸다. 도무지 이해가 안가는 내용 투성이였기 때문이다. 그러나 책의 내용을 이해하고 내 것으로 만들기 위해 노력하며 읽었더니 내 영혼은 바뀌기 시작했다. 대중으로부터 분리되는 느낌이라고 해야 할까? 당연하다고 생각했던 것들에 대해 의구심을 품기 시작했다.

두 번째 책을 읽는 데는 두 달이 조금 안걸렸다. 영혼이 바뀌니 생각이 점차 바뀌기 시작했다. 특별하지 않았던 시간들도 특별하게 느껴지기 시작했고, 무언가 자신감과 확신에 가득차기 시작했다. 단지 두 권의 책을 읽었을 때 나타난 현상이었다.

그 뒤로부터 나는 독서에 완전히 빠지게 되었다. 한때 독서를 위한 독서도 미친 듯이 했던 때가 있었다. 다만 그때와는 확연히 다른 방식으로 독서를 하며 광적으로 책을 읽었다. 책이 너무나 재미있어서 하루종일 책만 읽고 싶은 때였다. 세상에 존재했던 현자들과 함께 대화를 나누는 느낌이었고, 그들의 지식들이 나에게 옮겨지기 시작했다.

물론 이는 나만 느낀 현상일 수 있겠지만 아마 독서에 빠져봤던 사

람이라면 누구나 겪어봤을 것이다. 그렇게 관련 서적과 자기계발서, 스테디셀러 등을 두루 읽으면서 나에겐 남들이 가지고 있지 않은 지식들이 생겨났다.

독서는 지식을, 지식은 지혜를 낳는다

지식은 그렇게 내게 다가왔다. 타인이 모르는 것을 나는 알기 시작했고, 점점 사람들은 나에게 지식을 얻어가기 시작했다. 지식이 쌓이면 곧바로 현실에 적용시켜봐야 한다. 적용하지 않은 지식은 허울 좋은 이론덩어리일 뿐이다. 지식이란 친구는 굉장히 매력적이기 때문에 알고 있는 것만으로도 충족감이 넘쳐난다. 하지만 우리는 이것을 다른 형태로 곁에 두어야 한다.

다른 형태는 바로 지혜다. 지식은 그렇게 지혜로 바뀐다. 내가 알고 있는 지식들을 직접 현실에서 시도해 보고 연구하면서 경험을 쌓으면 나에게 지혜로 다가오는 것이다. 지혜가 쌓이면 온전히 나의 것이 되는 것이다. 이는 창업을 할 때 반드시 익혀야 하는 중요한 요소이다. 사업을 준비할 때의 시작은 비워져 있는 나의 부족한 지식을 채우는 것에서부터 시작되는 것이다. 그 출발점이 바로 독서이다.

아무리 강조해도 지나치지 않다고 이야기했는데, 그 이유는 저자들의 삶의 정수가 책에 그대로 녹아있기 때문이다. 우리는 한 권의

2장 창업자의 실력을 기르는 4가지 습관 : **129**

책에 시간을 투자함으로써 저자들의 생각과 사상, 삶을 대하는 방식과 그들이 평생을 들여 연구한 결과들을 얻을 수 있다.

전문분야의 책과 자기계발서적을 번갈아 읽기를 권한다

독서를 하지 않는다는 것은 가장 효율적인 지식 획득방법을 외면한다는 것이고, 그것은 곧 성장의 속도에 저항을 가져다 주는 것을 의미한다. 목표를 정하고 책을 읽기 시작하라. 전문분야의 책 1권을 읽은 후 자기계발에 도움을 주는 책 1권을 읽는 것이 나의 개인적인 독서법이다. 전문분야의 책을 읽으면 관련 분야의 지식이 쌓이고, 자기계발 책을 읽으면서 의식의 확장과 영혼의 성장, 삶의 목적 등을 찾을 수 있게 된다. 내가 주로 읽었던 자기계발 책들은 프랑스의 유명한 스테디셀러인 〈어린왕자〉 같은 책이었다.

진정한 독서는 삶을 바꾸게 만든다. 영혼을 일깨우고, 열정을 불러일으키며 활력을 선물해 준다. 창업을 하기 전, 반드시 독서를 습관으로 만들기를 바란다.

Tip

지식과 • 지혜를 • 쌓는 • 독서법

1. 알고 싶은 분야를 파악한다

하고 싶은 사업을 현실로 바꾸기 위한 생생한 과정을 상상해 보자. 이때 그 상상 속에서 나의 부족한 부분을 찾아야 한다. 대부분의 예비창업가들은 번뜩이는 아이디어에 비해 현실로 바꿀 방법을 찾는 데에는 미숙하다. 어떤 종류의 사업을 하고 싶은가? 어플 개발을 하고 싶은가? 어플 개발 관련 책을 찾자. 웹사이트? 독특한 요리집? 마찬가지다. 어떤 것을 하고 싶은데 무엇을 해야 할지 모른다면 그 분야에 대해 지식이 부족한 것이다.

2. 해당 분야의 책을 구매한다

어떤 책을 골라야 하는지 고민이 많아질 수 있다. 나 역시 그런 고민 때문에 시간을 보내곤 했다. 당시 나는 해당 분야의 스테디셀러를 골라서 읽었다. 보통 스테디셀러는 해당 분야의 온전한 정보를 전달하는데 부족하지 않다. 어떤 책을 고를지 어느 정도 정했다면 바로 당장 구매한다. 만약 구매할 돈이 없다면 근처 도서관에 가서라도 찾아 읽기를 권한다.

2장 창업자의 실력을 기르는 4가지 습관 : **131**

3. 사독하라

이 세상엔 상당히 많은 독서법이 있다. 빨리 많이 읽으라는 속독부터 암기독서법, 정독법 등등. 하지만 정답은 없다. 나는 사독을 추천한다. 사독이란 말이 있을 줄 알았는데 없어서 당황하긴 했지만, 여하튼나는 책을 읽으며 사색에 잠기는 즐거움을 만끽한다. 책을 빨리 읽는것에 빠졌던 적도 있었다. 하루에 2권, 3권씩 읽으면서 얻은 것도 있었지만 잃은 것도 있었다. 단순히 독서만을 위한 독서였기에 내 삶에어떤 변화를 일으키지 못했다. 지식은 쌓였으나 지혜는 쌓이지 않았다. 그 사실을 깨닫고 나서 나는 속독을 멈추었다. 독서를 멈추었다.

중요한 것은 독서 그 자체가 아니었다. 중요한 것은 나의 성장이었고, 지식과 같은 외적인 변화가 아니라 내적인 성장이 필요했다. 지혜가 필요했던 것이다. 그래서 사독을 하기 시작했다. 책을 읽으면서사색을 즐기는 것인데, 한 권을 읽는데 걸리는 시간은 그때마다 다르다. 한 권을 일주일에 걸쳐서 읽는 경우가 있는 반면, 한 문장으로 일주일간 생각에 빠지기도 한다. 생각에 생각을 거듭하여 그 끝에 다다르면 남들은 알지 못하는 나만의 지혜의 정수가 발견된다. 나는 그때저자의 생각과 사상이 내면 깊숙하게 스며드는 것을 만끽한다.

4. 저자와 대화하라

나폴레온 힐의 〈놓치고 싶지 않은 나의 꿈 나의 인생〉에는 '비밀회의'라는 것이 등장한다. 뛰어난 위인과 현인, 성인과 군자들과 함께

비밀회의를 여는 것인데, 모두 상상 속에서 이루어진다. 얼마나 괴상한 행동인가. 하지만 노력해 보라. 사독을 충분히 해왔다면 저자의 성격이나 말투, 고집이 세다거나 혹은 직설적인지, 혼자 있는 것을 좋아한다던가 조언을 잘해주는 편인지 등 그에 대한 실루엣이 그려질 것이다. 처음엔 그 실루엣과 대화를 나누는 것이다. 나는 당시 사업을 하고 있었기에 주로 사업에 관련된 대화를 나누었다. 내가 '이런 프로그램을 만들면 사람들이 살까?'라고 질문을 던지면 공자는 한심한 눈으로 나를 쳐다보고는 이내 입을 연다. '어찌 너는 탐욕에 가득차 있는 게냐. 그것이 타인에게 어떤 득을 취하는건지 설명할 수 있겠느냐.' 뭐 이런 식인 거다. 사독을 많이 할수록 비밀회의에 참여하는 인원은 늘어만 갔다. 그리고 그들이 내게 던지는 질문들은 나를 돌아보기에 충분했다. 맞다. 남들이 들으면 미친 소리 같겠지만, 이는 여전히 내가 하고 있는 괴상한 행동 중의 하나이다.

5. 온전히 나의 것으로 만들어라

위의 독서법을 반복하다보면 지식이 쌓여 지혜가 되기 시작한다. 어떤 현상을 바라보면 핵심에 다다르는 시간이 단축되고 방법이 다양해지기 마련이다. 여러 사례들과 해결책이 섞이면서 그것을 다루는 생각이 견고해진다. 이를 반복하라. 현재 일어나는 사건과 현상들을 집요하게 파고들어야 한다. 이것이 습관이 된다면 시대의 흐름을 느끼고 어렴풋이나마 예측할 수 있게 된다.

시장의 흐름을 파악하라

모든 것을 관찰하세요. 소통을 잘하세요.
그림을 그리고 그리고 또 그리세요.
– 프랭크 토마스

창업을 하기 전, 습관으로 만들어야 할 두 번째는 시장의 흐름을 파악하는 것이다. 첫 단계인 독서를 꾸준히 실천하고 있다면 남들과 다른 지식과 지혜들이 생겨났을 것이다. 이는 다르게 말하면 지식과 지혜를 활용하여 멋지게 창업에 성공한 사람들이 다르게 보일 것이라는 이야기다. 그들은 남들과 다르게 생각했기 때문에 창업을 성공적으로 이끌어 냈다.

남들과 다르게 생각하여 창업을 한 사람들을 발견하는 눈을 기르는 것이 두 번째 습관의 첫걸음이다. 이는 책을 읽지 않아도 비교적 쉽게 찾아낼 수 있는데, 매스컴이나 인터넷 매체에서 한 번쯤은 보이기 때문이다. 하지만 우리는 그들을 그렇게 발견해서는 안 된다. 우리

는 그들을 매스컴이나 인터넷 매체에 소개되기 전에 찾아야 한다. 그리고 막 성공을 향해 달려갈 준비를 하는 그들을 유심히 눈여겨 봐야한다. 물론 이미 매스컴에서 다루고 있는 창업자들은 반드시 연구해야 할 대상인 것은 두말하면 잔소리다. 참고로 성공한 창업자를 찾는 방법을 소개하면 다음과 같다.

:: 각종 세미나

스타트업과 관련된 세미나는 거의 매일 열리고 있다. 그곳에 모이는 사람들은 스타트업 종사자들이거나 예비창업가들이기에 좋은 네트워킹을 가질 수 있다. 그리고 그곳에서 강의를 하는 사람들과 인사를 나누며 친분을 쌓는 것도 잊으면 안 되겠다. 보통 이런 세미나에서 창업·자금지원·투자유치·마케팅·회계·세무·영업·조직관리 등의 내용으로 강의를 하니 필요에 따라 찾아다니며 숨은 고수들을 발견하기를 바란다.

:: 창업자 커뮤니티

창업자 커뮤니티는 크게 스터디 형식의 커뮤니티와 인맥만들기 형태의 커뮤니티로 구분된다. 먼저 스터디 형식의 커뮤니티에서는 진짜 실력자를 찾는 것이 비교적 용이하다. 어떤 주제를 가지고 같은 시간과 같은 조건에서 다른 결과를 가지고 오는 사람들을 쉽게 찾을 수 있다. 스킬적인 부분만을 이야기하는 것이 아니라 그들이 어떤 삶

창업자의 실력을 기르는 4가지 습관 : **135**

을 살고 있는지를 알 수 있는 곳이다. 나는 이런 스터디 형식의 커뮤니티에서 평범했던 청년이 엄청난 매출을 일으키는 회사를 운영하게 된 것을 두 번이나 봤다. 그리고 인맥만들기 형태의 커뮤니티가 있는데, 이런 커뮤니티에는 사실 큰 기대를 가지고 참여하기가 쉽지 않다. 인맥이라는 것은 내가 무언가를 줄 수 있는 위치에 있을 때 좋은 인맥이 생기는 법이기 때문이다. 받기만 하는 상태라면 실력을 쌓는 것이 더 우선이 되어야 한다.

시장의 흐름을 보기 위해서는 곁눈질로 바라보는 것이 아니라 집요하게 파고들어야 한다

모든 현상에는 인과관계가 있다. 마찬가지로 어떤 사업이 되었든 잘되는 데에는 이유가 있는 법이다. 이유없이 잘되는 것은 세상에 존재하지 않는다. 무언가가 그들을 빛나도록 만들었고, 그 빛에 대중들은 환호를 보내는 것이다. 그 빛이 무엇인지 연구해야 한다. 그들이 어떻게 그 빛을 찾아냈고, 그것이 어떤 준비를 거쳐서 세상에 나오게 되었는지 연구해야 한다. 그리고 그것이 천천히 습관이 되는 과정을 느껴보자.

예를 들어 세계적인 기업들을 보자. 구글은 전 세계를 하나로 묶고

있는 대단한 기업이다. 새로운 트렌드를 이끌고 가는 것이 구글이다. 여기서부터 연구를 시작해야 한다. 사람들은 왜 구글에 열광하는가? 다른 포털도 즐비한데 사람들은 왜 구글에 머무는 것인가? 이 부분의 해답을 찾는 과정이 연구단계에서 해야 하는 일이다. 만약 아무리 노력해도 모르겠다면 지식과 지혜를 더 쌓는 것이 필요하다.

또 페이스북은 어떻게 전 세계인들을 하나로 묶을 수 있었는가? 다른 SNS 채널들이 많은데 왜 페이스북이 월등하게 치고 나가는가? 우리는 이런 것들에 대한 해답을 얻기 위해 연구해야 한다. 잘되는 데에는 이유가 있는 법이다. 그리고 그 이유를 명확하게 파악할 줄 아는 시야를 가지는 것이 창업을 하기 전에 지녀야 할 요소 중 하나이다.

글로벌 환경에서 이슈가 되고 있는 것을 끊임없이 연구하라

우리나라에서만 어떤 힌트를 얻으려고 하기에는 세상이 너무 넓다. 게다가 IT 기술은 세계와 우리의 거리를 너무나 가깝게 만들었고, 어떤 장벽도 허용치 않게 되었다. 쓸쓸하지만 우리나라는 세계 최초의 것이 많지 않다. 오히려 세계 최초의 것을 우리나라에 가져와서 좋은 결과를 만들어 낸 사례가 훨씬 많다. 따라서 시대의 흐름을 파악하고자 한다면 반드시 세계의 흐름을 읽어야 한다.

창업자의 실력을 기르는 4가지 습관 ː **137**

스타트업의 성지인 실리콘밸리에서는 어떤 기업이 떠오르고 있는가? 어떤 스타트업이 고객들의 마음을 사로잡고 있는가? 이용자 수가 급증하고 있는 서비스는 무엇인가? 세계인들은 대체 무엇에 열광하고 있는가? 여기에서 우리는 세계를 느껴야 한다. 과거에는 직접 가보고 눈으로 보고 느껴야만 내 것이 되었지만(지금도 직접 가서 느끼는 게 좋기는 하다) 지금은 침대에 누워서 스마트폰을 활용해 얼마든지 알 수 있는 환경이 되었다.

세계에 눈을 떠야 한다. 소비자는 요즘 한국에 유행하는 것이 무엇인가에 민감하지만, 사업가는 세계가 열광하고 있지만 한국에는 없는 것이 무엇인지 알고 있어야 한다.

Tip

시장의 • 흐름을 • 읽는 • 방법

1. 사람들의 관심을 가장 많이 받는 것 찾아보기

대중의 관심을 받는 모든 것들은 어느 시대에나 큰 기회를 가져왔다. 그것은 과거에도 지금도 먼 미래에도 마찬가지일 것이다. 사람들의 입에 오르락내리락 하는 것을 유심히 살펴보라. TV채널, 뉴스 같은 매스컴에서 무엇을 다루는지 관심을 가져야 한다. 또 SNS에서 가장 많은 반응을 이끌어 낸 콘텐츠가 무엇인지 알고 있어야 한다. 이런 것들은 짜투리 시간을 활용하여 직접 찾아보는 노력을 기울이면 된다. SNS에서 어떤 콘텐츠가 반응을 이끌어 냈는지 확인할 수 있는 사이트로는 bigfoot9.com, wiztracker.net 등이 있다.

2. 왜 사람들이 관심을 가지게 되었는지 파악하기

사람들이 반응을 보인 것들에 대해 어떤 이유 때문인지 파악해 봐야 한다. 2017년 3월 초 페이스북에서 가장 인기가 많았던 포스팅 중 하나는 먹방 콘텐츠였다. 먹방 콘텐츠가 많은 사람들의 관심을 받는 것은 팩트다. 그렇다면 왜 관심을 갖게 되었을까? 여기에서부터 생각을 시작하다 보면 여러 가지 이유들을 유추해볼 수 있다. 야식타

임에 올라온 게시글이기 때문에, 친근하고 먹기 좋은 디저트이기 때문에 등의 가설을 세워보는 것이다.

3. 가설을 세운 것을 토대로 실행해 보기

사람들의 관심이 집중된 콘텐츠를 벤치마킹하여 유사한 콘텐츠를 만들어 본다. 이때 철저하게 테스트의 목적을 잊지 말아야 한다. 같은 시각, 비슷한 종류의 콘텐츠를 올렸을 때 사람들이 어떤 반응을 보이는지 체크해 보는 것이다. 물론 이는 자신의 팔로워 수에 따라 차이는 있겠지만 반응을 체크해 보는 가장 좋은 수단이다. 여기에서는 우리가 세웠던 가설들을 하나하나 확실하게 테스트해 보며 데이터를 수집해야 한다. 그러면 다양한 가설 중 가장 근접한 하나의 가설이 나올 것이다. 이제 그것을 토대로 마지막 테스트를 진행하여 결과를 체크해 보면 시장의 흐름에 맞는 나만의 콘텐츠가 완성되는 것이다.

03

생각의
늪에
빠져라

나는 똑똑한 것이 아니라
단지 문제를 더 오래 연구할 뿐이다.
– 알버트 아인슈타인

대중의 마음을 움직이게 하는 포인트를 찾아라

성공한 창업자들의 잘되는 이유를 찾았다면 그들의 노하우를 어떻게 내 사업아이템에 접목시켜 대중의 반응을 이끌어 낼지를 고민해 봐야 한다. 이때 고객은 우리보다 100배 이상 똑똑하다는 점을 항상 염두에 두어야 한다.

대중은 쉽게 마음을 주지 않는다. 실제로 대중의 마음을 흔드는 것은 심리적인 요인이 작용한다. 기술적인 측면도 중요하겠지만 결국은 사람의 마음을 움직이게 하는 포인트를 발견해 내고 적용시키는 방법을 찾아야 한다. 하루이틀 생각하는 것만으로는 좋은 결과가 나

창업자의 실력을 기르는 4가지 습관 : **141**

오지 않는다. 생각하는 것에 정말 많은 시간을 쏟아야 남들이 생각하지 못한 핵심적인 부분이 나오게 마련이다. 깊게 생각에 빠져들다 보면 스파크가 일어날 것이다. 직관적으로 떠오르는 아이디어들이 나타나게 된다. 그리고 그것들을 빠짐없이 적어두어야 한다.

하지만 오랫 동안 생각에 빠지는 것이 쉽지는 않다. 우리는 생각하는 시간을 빼앗긴 시대에 살고 있기 때문이다. 하루에 단 5분도 깊은 사색에 빠지기 힘든데, 이는 사색을 방해하는 요소들이 너무나 많기 때문이다. 조금의 시간이 허락될 때면 우리는 사색에 빠지기보다는 휴대폰을 쳐다본다. 이러한 환경 때문에 생각에 깊게 빠지는 사람이 많지 않다. 어쩌면 그렇기 때문에 기회가 숨어있는 것이다. 생각을 깊게 하지 않는 사람들이 대다수이기 때문에 깊게 생각하는 사람이 핵심에 도달할 수 있는 기회가 많은 것이다.

이러한 사색을 어렵게 생각하지는 말자. 말 그대로 생각을 거듭하는 것, 그것이 사색이다. 사색에 옳고 그름은 없다. 생각의 끝에 도달하여 지혜의 정수를 얻는 것을 즐겨야 한다. 특히 나는 주변에 있는 사물들을 보면서 사색에 잠기는 것을 즐긴다. 예를 들어 지금 당장 내 눈에 보이는 사물이 선글라스라면 선글라스에 대한 생각을 깊게 해보는 것이 사색의 일종이다. 보통 이런 느낌으로 사색에 빠진다.

선글라스가 왜 내 눈 앞에 있지?

얼마 전에 구매를 해서!

❖ 어디서 구매를 했지?

─ 인터넷 쇼핑몰에서 구매를 했잖아!

❖ 어떻게 온라인 쇼핑몰에 선글라스가 존재하지?

─ 선글라스 판매자가 상품등록을 했겠지.

❖ 어떤 제품이든 온라인에 등록이 되는건가?

─ 아니, 허락된 제품만 가능해.

❖ 선글라스는?

─ 허락이 된 제품이야.

❖ 그럼, 모든 선글라스는 온라인에서 판매가 가능한건가?

─ 그래.

❖ 선글라스 판매업자는 어떻게 선글라스를 얻었지?

─ 직접 만들었던가, 유통을 하는 거겠지.

❖ 유통을 하는 건?

─ 제조공장이나 총판업자를 찾아가서 받는 거겠지.

❖ 그들은 어디에 있지?

─ 잠깐만 잠깐만. 그건 조사를 좀 해보고. 잠시만.

이렇게 막히는 부분이 있다는 것은 내가 그것에 대해 모르는 영역이 있다는 것이다. 이럴 때에는 명확하게 해결될 때까지 조사하고 연구한 후에 다시 사색을 시작하는 것이다. 그렇게 하다보면 어느덧 그 생각의 끝에 도달하게 될 것이다.

창업자의 실력을 기르는 4가지 습관 ⋮ **143**

항상 생각하는 시간을 확보하라

하루에 단 5분도 생각에 빠져드는 시간이 없다면 만들어야 한다. 나의 일정은 언제나 3시간이 비워져 있다. 그 시간에는 다른 무엇도 하지 않고 사색에 잠긴다. 뒤에서 다룰 이야기이지만 사업가의 가장 큰 자질은 생각하는 힘에 달려 있다. 독자들도 가장 중요한 일에 얼 만큼의 시간을 투자하는지 반드시 체크해 보길 바란다.

이때 아주 기본적인 것부터 생각에 잠기는 습관이 필요하다. 예를 들면 나 자신을 향한 질문들이다. '나는 누구인가?' '내가 좋아하는 색은 무엇인가?' '왜 그것을 좋아하는가?'와 같은 아주 간단한 질문들 부터 '나는 왜 세상에 태어났는가?' '내가 존재하지 않는다면 이 세상 은 존재할 것인가?' '나무에는 생명이 있는가?' '모든 것은 에너지인 가?' 등 다양한 질문들을 나에게 던져보는 것이다. 물론 대부분의 사 람들은 주변의 일에 관심을 끄고 살기 때문에 이런 질문에 난해한 표 정을 짓기 마련이다. 나무가 생명이 있는 것과 없는 것이 사는데 무 슨 필요인가!라고 생각하는 사람도 많기 때문이다.

하지만 생각하는 힘을 가진다는 것은 놀라운 일이다. 사물을 바라 보는 관점을 바꾸는 힘이 여기에서 발현된다. 하나의 사물을 바라보 더라도 비틀어보는 것에서 시작되는 것이 사색이다. 특히 인터넷의 발달로 원하는 정보를 즉시 얻을 수 있는 요즘 시대에는 더욱 생각하 는 시간을 빼앗기지 말아야 한다. 궁금한 것이 있다면 답을 찾을 때

까지 고민해 보는 것이다. 사업도 인터넷에 질문을 올려놓고 답변을 기다리며 할 수는 없는 노릇이니 말이다.

그렇게 생각에 생각을 거듭하여 어떻게 적용하고 시장에 활용할지 방법을 구체화시켰는가? 그렇다면 다음 단계로 넘어가도 좋다. 명심하길 바란다. 생각하는 힘이 없다면 변화에 대응하지 못함은 당연하고 적응하는 것도 힘들 것이다. 따라서 항상 생각하는 시간을 확보해야 한다.

창업자의 실력을 기르는 4가지 습관

나만의 •차별화 •전략을 •찾는 •방법

1. 지피지기면 백전백승

시장에서 활동하는 경쟁사를 철저히 조사한다. 우위에 있는 곳과 그렇지 않은 곳들을 조사함으로써 그들과의 차이가 어디에서 발생하는지 찾아야 한다. 브랜드네임이나 가격, 마케팅의 방법과 제품의 생산 등 어느 부분에서 고객들의 선택이 갈리는지 연구하는 것이다. 기업들은 저마다의 다양한 무기로 고객들의 마음을 잡으려 하고 있다. 그 무기가 무엇인지, 그리고 고객의 마음을 어떻게 흔들어 놓는지 파악하고 분석하는 것이 필요하다.

2. 시장의 고객들과 소통하라

제품을 구매하는 고객들은 최고의 피드백을 줄 수 있는 멘토가 된다. 그들이 하는 이야기에 빅 비즈니스가 숨어있을 수 있다. 많은 회사들이 이 중요성을 알고 있지만, 실제로 고객들의 이야기를 듣는 경우는 드물다. 복잡한 설문지나 기계음 같은 전화응대로는 무미건조한 피드백이 돌아올 뿐이다. 그들과 실제로 부딪히며 정확한 니즈를

파악하는 것이 중요하다. 그러면 그곳에서 번뜩이는 아이디어가 떠오를 것이다. 참고로 고객들과 소통할 수 있는 방법을 소개하면 다음과 같다.

구매고객 인터뷰

실제로 제품을 구매하여 사용하고 있는 고객들과의 심층인터뷰는 상당히 많은 피드백을 얻을 수 있다. 제품을 꾸준히 재구매하는 고객부터, 단 한 번의 구매가 마지막인 고객들의 간극은 결코 가깝지 않을 것이다. 그들이 원하는 것이 무엇인지 깊이있게 파고들어 듣는 것이 필요하다.

체험 이벤트

아직 제품이 정식 런칭되지 않았거나 시장에서 원하는 반응을 이끌어내지 못했다면 제품을 체험하게 하는 체험 이벤트도 적격이다. 다만 체험 이벤트 후 제품을 판매하기 위해 강요적인 분위기를 연출하는 것은 오히려 마이너스다. 물론 체험 이벤트에서 제품 구매까지 이어질 수 있겠지만 본질은 제품의 피드백에 있음을 잊지 말아야 한다.

3. 직접 고객이 되어보기

경쟁사의 제품을 직접 구매해서 소비자 입장에서의 느낌을 기록

2장 창업자의 실력을 기르는 4가지 습관

한다. 객관적으로 좋은 점과 개선해야 할 점을 철저하게 분류해 보는 것이다. 여기서 얻게 되는 정보를 통해 시장에 없는 새로운 제품이 나올 가능성도 있다. 또 이미 시장에 나온 제품들을 연구분석한 것이기 때문에 좀더 날카롭게 제품 리뷰가 가능하고, 각 제품마다의 장단점을 찾을 수 있다.

4. 생각을 통해 몰입해 보기

분석한 모든 정보들을 통해 생각하는 시간을 가져야 한다. 차별화는 우연히 찾아오는 것이 아니라 생각에 생각을 거듭하고 몰입하는 과정에서 나타난다. 이러한 과정이 있어야 우연히 길을 걷다가 별일 아닌 것에서 영감을 얻게 되기도 하고, 친구와 나누는 사소한 대화에서 해결책을 발견하기도 한다. 어떠한 방법이 떠오르지 않는다면 아직 충분히 몰입되어 있지 않은 것이다. 가령 준비하고자 하는 제품이 음악서비스라면 세상 모든 것이 음악과 연결이 되는 것, 그것이 몰입된 상태이다.

04

생생하게 계획하고 실행·반복하라

세상의 중요한 업적 중 대부분은 희망이 보이지 않는 상황에서도
끊임없이 도전한 사람들이 이룬 것이다.
– 데일 카네기

현실에 적용하여 결과를 만들어라

생각을 통해 특이점을 발견했는가? 그리고 그것을 적용시킬 접점을 찾아냈는가? 그럼 네 번째 습관을 실행할 차례이다. 즉시 현실에 적용하고 결과를 얻어보는 것이다. 아직 현실에 적용하는 것에 한계가 있다면 앞의 1, 2, 3단계 중 어느 곳에선가 부족함이 있는 것이다. 사실 3단계까지는 현실로 바꾸는 단계가 아니기 때문에 시간만 투자하면 되었다. 하지만 4단계는 다르다. 현실로 바꾸려면 그에 맞는 지식과 기술력, 방법론을 정확히 꿰뚫고 있어야 한다. 그러나 이론이 현실 경험이 되기까지는 많은 시행착오가 함께 한다.

창업자의 실력을 기르는 4가지 습관 **149**

예를 들어 콘텐츠를 통한 창업을 계획한다면 페이스북과 네이버, 구글, 유튜브에 수없이 많은 콘텐츠를 올려보아야 한다. 또 웹사이트도 다양하게 만들어 봐야 하고, 어플도 UI를 계속 바꿔봐야 한다. 그리고 각각 변화를 줄 때마다 고객들의 반응을 잘 살펴가며 시도해 봐야 한다. 이때 처음부터 잘될 거란 생각보다는 실수해도 괜찮다는 생각을 가지기를 바란다. 대부분의 성공자들이 그러했듯이 긍정적인 생각은 좋은 결과를 가져오기 마련이다.

나의 첫 사업인 미평기획의 경우도 처음 온라인마케팅 사업에 진출할 때 잘하는 팀(회사)들을 약 2주 넘게 파고 들면서 우리 것으로 만들기 위한 노력을 했다. 2주 동안 다른 것은 제쳐두고 2, 3단계인 시장흐름 분석과 생각에 집중했었지만 현실에서 우리의 콘텐츠로 만들기까지는 15회 이상의 시행착오가 발생했다. 아마 이 4단계에서 창업가의 잠재력이 깨어나겠지만 인내심을 시험하는 단계가 될 것이다. 부디 달콤한 결과가 나올 때까지 집중력을 잃거나 열정이 식어버리는 위기가 오지 않기를 바랄 뿐이다.

구현가능한 팀을 만들어라

창업은 실행의 속도가 결과를 만들어 낸다 해도 과언이 아니다. 속도가 나와야 결과를 낼 수 있다. 이 장에서 말하는 습관 4가지를 계속

반복하며 창업자 혼자 모든 일을 도맡아 하는 것은 돈은 적게 들겠지만 시간은 오래 걸린다. 처음에는 돈이 안드는 것에 만족하며 사업을 진행할 수 있지만, 아쉽게도 시간은 돈보다 중요하다는 것을 언젠가는 깨닫게 된다. 결국 시간을 줄이는 것이 돈을 아끼는 것이다. 그렇기에 혼자서 모든 것을 공부하고 연구하여 결과를 만드는 것보다 사업아이템을 빠르게 현실화할 수 있는 팀을 찾아 결과를 만들기를 바란다. 다만, 창업자라면 그 분야에 대해 대화가 가능할 정도의 지식은 갖추고 있어야 팀워크가 좋아진다는 것을 기억해야 한다.

지금까지 말한 네 가지의 행동패턴은 창업을 하기 전에 습관으로 길들여 놓으면 위기에 직면했을 때 잘 헤쳐나갈 수 있는 창업가가 될 것이다. 기억하라. 창업가는 누군가의 배에 올라 타는 것이 아니라, 직접 배를 만들고 끝없이 펼쳐진 바다로 목적지를 향해 항해를 떠나는 것임을 말이다.

Tip

결과를 · 만들어 · 내는 · 방법

1. 당장 시작하라

결과는 어떻게 만들어지는가? 희망만 가지고는 원하는 것을 얻을
수 없다. 막막하겠지만 지금 당장 포토샵을, 프로그래밍을, 영상편집
을, 필요한 재료 구매를 시작해야 한다. 이미 이론적인 내용은 우리들
의 머릿속에 많이 들어가 있다. 실현되지 않는 아이디어 또한 누구나
가지고 있다. 머릿속에 정리되어 있는 그 아이디어를 오늘, 지금 당장
시작하는 것이 결과를 만들어 내는 가장 확실한 방법이다.

2. 당연히 막힐 것이다. 그럼에도 계속 진행하라

너무나 당연하게도 생각대로 되지 않을 것이다. 책에서 힌트를 얻
고 경쟁사의 방법들이 눈에 잡히기 시작했을 때는 쉬워보이던 것들
이 막상 해보면 어떠한가? 그들이 대단해 보인다. 그들을 뛰어 넘을
수 있을까 고민도 될 것이다. 당연하다. 그들은 당신보다 훨씬 더 많
은 노력과 시간을 그곳에 투자했다. 그렇기에 그들이 겪었던 시행착
오들을 (그들이 알려주지 않는다면) 그대로 겪을 것이다. 그러니 힘든 것

152   PART 3 내일을 위해 오늘 시작하라

이 당연하다. 간단한 포토샵 작업이 3일째 계속되는가? 당연히 그럴 것이다. 일주일째 웹사이트가 만들어지지 않는가? 당연히 그럴 것이다. 영상 하나 편집하는데 5일이 넘어가고 있는가? 당연히 그럴 것이다. 당연한 것에 너무 큰 의미부여를 하지 않기를 바란다. 그것들이 매우 간단한 작업이라고 느껴질 때까지 계속 진행하는 것이 답이다.

3. 프로토타입(시제품)을 만들어라

처음부터 완벽에 가까운 제품을 만들려고 하는 것보다 핵심기능을 갖춘 프로토타입을 개발하는 것에 힘을 써야 한다. 뛰어난 아이디어 인데 경쟁사를 의식해서 훨씬 더 나은 사이트를 만들기 위해 시간을 계속 투자하는 것은 시간을 낭비하는 것이다. 프로토타입을 만들고 핵심기능만 갖춘 제품을 최초의 몇몇 고객들에게 선보이는 것이 중요하다. 그들은 누구보다 당신의 제품에 애정어린 피드백을 선물할 것이다. 첫 제품이 최종일 것이라는 생각을 빠르게 내려놓아야 한다. 결국 제품은 시대와 소비자의 니즈에 따라 계속 개발되어야 하는 것이다.

4. 혼자 끙끙 앓지 말고 팀을 구성하라

창업자의 실력을 기르는 4가지 습관을 활용하면 무자본으로 창업이 가능하다. 하지만 많은 사람들이 착각할 수 있기에 이야기를 하자면 무자본 창업은 돈이 없을 때 시작하는 차선책이다. 창업은 자본이

창업자의 실력을 기르는 4가지 습관 : **153**

충분할 때 효율적인 사업이 전개된다. 다만, 창업자가 독학으로 공부하고 연구하며 진행해도 사업이 가능하다는 것을 알려주고 싶은 마음이다. 하지만 이를 잘못 해석하여 모든 것을 혼자 하려고 한다면 실행 속도가 현저히 낮아진다. 프로토타입(시제품)을 만드는데 필요한 기술을 정리하고, 홀로 구현하는데 너무 많은 시간이 들어가는 분야는 최적의 팀원을 찾아 함께 진행하는 것이 최상의 결과를 만들어내는 훨씬 빠른 방법이다.

3장

나만의
항로를 그려라

01

인생 최대의
기회는
바로 지금이다

나만이 내 인생을 바꿀 수 있다.
아무도 날 대신해 줄 수 없다.

– 캐롤 버넷

최고의 타이밍은 기다리는 것이 아니라 만드는 것이다

세상에는 기회가 너무나 많다. 하지만 안타깝게도 많은 사람들이
스치듯 기회를 접하지만 상상 속에 가두어 두고 만다. 너무 진부한
이야기로 들리겠지만 우리는 상상한 것을 현실로 바꾸는 일을 해야
만 한다. 사업에 대해 아무리 상상의 나래를 펼치더라도 현실에서 이
루어지는 것은 아니다. 당신이 상상하고 있는 그 사업은 '당신이 행
동한다'는 결단에 의해서 세상에 나타날 수 있다. 다만 그 시기에 다
양한 유혹들이 찾아오게 되는데 이때 허와 실을 잘 구분할 줄 아는
지혜가 필요하다.

3장 나만의 항로를 그려라 : **157**

보통 꿈과 희망을 가진 사람들은 어떤 목표를 정했으면 계획을 세우고 꾸준하게 앞으로 나아간다. 하지만 중간중간 자신감의 결여와 실패의 두려움 때문에 혼자 가기보다는 안전장치를 찾고 싶은 유혹에 빠지기도 한다.

"당신의 사업을 성장시켜 줄게요."

"제가 시키는 대로만 한다면 성공은 보장되는 것입니다."

"성공으로 가는 길은 정해져 있습니다."

"당신은 단지 매달 20만원의 비용만 지불하면 됩니다."

"편하게 사업을 하시고, 성공을 보장받으십시오."

이런 달콤한 멘트로 당신에게 다가오는 업체들을 조심하라. 그들은 당신에게 성공을 빌미로 돈을 요구할 것이고, 장기적으로 나태와 게으름을 선물하게 될 것이다. 즉, 타인에게 자신의 성공을 넘기지 말라는 것이다. 성공은 언제나 외부에 있는 것이 아니라 내부에 있다는 것을 항상 기억해야 한다.

우리는 언제나 최고의 기회를 만들 수 있는 능력이 있다. 번뜩이는 아이디어로 오늘 당장 시작할 수도 있다. 이것은 외부환경의 변화에서 오는 것이 아니라 마음, 즉 내부의 변화에서 시작된다. 외부에 의존하는 상태는 언제나 최고의 타이밍을 기다리다 최적의 기회를 놓치고 만다.

'이번 대출금만 갚으면 사업을 해야지.'

'5년만 기다리면 여유있게 사업을 시작할 수 있어.'

'내가 생각한 아이디어인데 선수를 빼앗겨 버렸어.'

'난 온라인에 대해 아무것도 모르는데, 알고 나면 해야지.'

장담컨대 최고의 타이밍은 기다리기만 한다면 영원히 오지 않는다. 그럼 최고의 타이밍이라는 것이 존재하지 않느냐? 그것도 아니다. 최고의 타이밍은 만드는 것이다. 바로 하고자 하는 마음을 먹고 작은 출발이라도 시작을 했을 때 그때가 인생 최고의 타이밍인 것이다.

창업과 취업이 고민될 때에는 창업을 택하라

당신이 창업자가 가져야 할 4가지 습관을 철저히 이행하고 있다면 틀림없이 뛰어난 인재가 되어 있을 것이다. 뛰어나다는 것은 어떤 분야를 잘한다는 것이고, 그것은 평범하지 않다는 것이다. 그렇게 되면 삶에 다양한 변화가 생기는데, 그중 하나는 새로운 수익을 올릴 수 있는 방법이 생긴다는 것이고, 다른 하나는 달콤한 제안들이 들어온다는 것이다.

첫 번째 변화인 새로운 수익은 자칫 잘못하면 또 다른 직업을 가지게 될 수 있다. 남들보다 뛰어나게 잘하다보니 돈을 주고 부탁을 하는 일이 늘어나게 된다. 이것을 혼자 진행하다 보면 사업이 아닌 프리랜서가 될 수도 있다. 프리랜서는 시간과 돈을 맞바꾸는 직업이다. 사업의 무한한 성장 가능성과는 거리가 있다. 하루 2시간씩만 일하

나만의 항로를 그려라 **159**

고 월 200만원을 버는 것은 프리랜서의 영역이다. 물론 이런 경우라도 사업자금을 확보하기 위해 지나가는 단계로 활용할 수 있다. 우리가 최종적으로 목표하는 것은 시간과 돈을 맞바꾸는 것이 아니라 시간과 돈 두 영역에서 모두 자유로워지는 것이기 때문이다.

두 번째 변화는 달콤한 제안이다. 사업가들은 언제나 뛰어난 인재를 원한다. 이 말은 뛰어난 인재가 많지 않다는 것이고, 뛰어난 인재가 되면 사업가들에게 달콤한 제안을 받게 된다는 것이다. 페이스북 팬을 50만 명을 보유했는가? 유튜브 구독자가 20만 명이 되었는가? 영상을 만들었는데 조회 수가 300만이 넘었는가? 그렇다면 당신은 이미 특별해진 것이다. 달콤한 제안이라는 것은 '좋은 보상을 해줄테니 우리 조직에 합류하라'이다. 이는 꼭 나쁘다고만은 볼 수 없다. 제대로 실력을 키울 수 있고 배울 수 있는 조직이라면 함께 가보는 것도 괜찮다. 하지만 이제 막 창업의 세계에 발을 딛은 당신에게 그 제안은 좋은 것인지 그렇지 않은 것인지 고민에 빠뜨릴 수 있다. 좋은 것이라도 안좋게 보여지고, 좋지 않은 것이 일생일대의 기회로 보일 수 있다. 곁에 멘토가 있다면 다행이지만, 그렇지 않다면 당신의 사업에 집중하는 것이 현명한 선택이 될 확률이 높다. 다시 이런 기회가 오지 않으면 어떻게 되는 거냐고? 절대 그럴 일은 없다. 지금처럼 집중하고 몰입하며 결과를 만들어 내다보면 지금보다 더 좋은 제안이 반드시 올 것이다. 당신은 이미 평범함과 멀어지고 있기 때문에 좋은 제안과 기회는 수시로 따라다닐 것이다.

지금
당장
시작하라

위험은 자신이 무엇을 하는지
모르는 데서 온다.
— 워렌 버핏

사업의 본질을 잊지 마라

첫 사업은 쉽지 않다. 하지만 인생에 쉬운 것이 어디 있겠는가. 당연히 힘들다. 그럼에도 불구하고 시작하라. 시작하지 않으면 지금껏 살아왔던 패턴의 삶을 계속 살게 될 것이다.

당신이 진정 사업을 하고자 마음을 다졌고 흔들리지 않을 자신이 있다면 자유롭고 즐거운 여행에 합류하게 된 것을 축하한다. 단, 자유롭고 즐거워지려면 혹독한 훈련이 필요하다는 것도 알아야 한다. 그리고 훈련은 시간을 동반한다. 익숙해지려면 시간이 걸린다는 것이다.

사업의 본질은 시장에 존재하는 불편함을 없애거나 더 나은 삶의

가치를 전하고자 하는데 있다. 이러한 사업의 본질은 변하지 않는데, 일부 스타트업의 경우 시작도 하기 전에 돈을 투자받기 위해 오너 혹은 팀 전체가 혈안이 되어 있다. 하지만 투자자들의 눈은 냉철하다. 아무리 그럴싸하게 보이는 사업아이템으로 투자를 요구한다 해도 그들의 기준에서 투자 여부를 판단한다. 이는 지극히 당연한 것이지만 창업자들은 그렇게 생각하지 않는다. 투자는 적절한 시기에 필요한 상황에서 받는다면 사업의 꽃길이 열릴 수 있다. 다만 그런 상황이 아닌데도 불필요한 투자를 받고자 노력하는 창업자들이 존재하는 것이 문제다.

탄탄한 사업계획을 통해 시제품을 만들고 꾸준히 보완하라

사업의 본질은 투자를 받는 것이 아니라 상상을 현실로 바꾸는 것에 있고, 대다수의 사람들이 이를 원활히 수행하지 못하기에 성과를 낸 창업자의 숫자가 상대적으로 적은 것이다.

사업의 본질은 언제나 시장의 문제점을 없애거나 더 나은 삶의 가치를 현실로 반영하는 것에 있다는 것을 기억하기 바란다. 어떻게 하면 상상을 현실로 이뤄낼 수 있을까를 끊임없이 고민하면 방법이 나오게 마련이다.

상상을 현실로 바꾸기 위해서는 탄탄하게 구성된 사업계획이 필요

하다. 이때 진정한 사업계획은 행동이 수반되어야 하고, 시장에서 검증받아야 한다. 그러니 비즈니스 모델 등 판짜기를 마쳤다면 당장 현실로 옮길 계획을 세우기를 바란다. 그 사업이 점차 구색을 갖추고, 시제품을 만든 후 시장에서 검증받으며 보완을 거듭하는 과정에서 포기하지 않는다면 장담컨대 당신의 삶은 180도 바뀌게 될 것이다. 보완을 거듭한 제품은 시장에서 선택을 받게 되고 수익을 가져다 줄 것이다. 그 수익은 판을 짤 때 정했던 대로 안정적인 현금흐름을 가져다 줄 것이고, 그 현금흐름은 당신의 삶에 완전한 자유를 선물하게 될 것이다.

제품이 만들어졌다면 실제 이용고객을 모으는데 집중하라

뛰어난 제품을 만드는데 초기 에너지를 모두 투입했는가? 그렇다. 사업의 본질은 뛰어난 제품을 만드는 것에서 출발한다. 하지만 제품이 탁월하다고 해서 사업이 성공하는 것은 아니다. 세상엔 뛰어난 제품임에도 불구하고 고객에게 다가가지 못하고 폐업에 이르는 경우가 너무나 많다. 바로 이용고객을 확보하지 못한 탓이다. 공격적으로 실제 이용자를 찾아 고객을 늘려가야 사업이 가동되기 시작한다.

이때 뛰어난 제품을 효과적으로 알리는 광고와 마케팅이 있어야 제대로 된 성장과 수익을 가져온다. 초기 제품개발에 대부분의 에너

지를 쏟았다면 이제는 광고와 마케팅에 그 나머지 에너지를 태워야 한다. 광고와 마케팅에 어마어마한 돈이 들어간다고? 물론 빠른 길은 그것이다. 하지만 그것은 돈으로만 고객을 모아본 사람들이 하는 말이다. 시간과 노력을 들이면 고객을 늘릴 수 있는 방법은 많다. 그 고객들이 제품에 만족하는 순간 점점 제품 이용자들은 눈덩이 불어나듯이 늘어날 것이다. 단, 앞서 말했듯 제품이 제대로 되었다는 가정하에서 가능한 얘기다.

그렇다면 제품을 필요로 하는 고객들이 모여있는 곳은 어디일까? 그곳을 찾아야 한다. 경험상 매우 효율적인 곳은 타겟고객들이 모여있는 온라인 커뮤니티였다. 그곳에 제품이 필요한 타겟고객들이 겪고 있는 고충에 대해 공감을 이끌어내는 글을 작성하고 제품의 샘플을 무료로 사용할 사람을 확보해 보는 것도 좋은 방법이다. 나는 이 방법으로 초기 샘플 200여 개를 원하는 고객들에게 보낼 수 있었다. 샘플만 받고 도망치는 것은 걱정하지 않아도 된다. 제품성이 좋다면 그들은 다시 우리 제품을 구매하려고 연락을 할 것이다.

수익화 시스템을 갖추어라

제품 이용고객이 늘어나면 수익이 발생하기 시작한다. 이용고객이 1명일 때부터 수익이 나는 비즈니스 모델이 있을 수 있지만 어느 정

도의 이용고객이 늘어나야 수익이 발생하는 비즈니스 모델이 대부분이다. 무엇이 되었든 수익화에 성공할 때까지는 몰입해야 한다. 단, 단순한 수익화가 아닌 수익화 시스템을 만드는 것이 필요하다. 이때 안정적인 수익화 시스템은 수익 변화를 자유롭게 조절할 수 있어야 한다. 예를 들어 미핑캠퍼스가 수익을 더 올릴 수 있는 수익화 시스템을 소개하면 다음과 같다.

배너광고 수익

배너광고를 추가로 도입하는 것이다. 월 10만원의 배너광고를 10개 더 받는다면 월 100만원의 추가수익이 생긴다.

새로운 제품 런칭

기존고객들이 요구하던 새로운 강의를 만들어 제공한다. 실제로 정부지원사업 사업계획서 작성법 강의를 만들어 3만원의 정가를 매기고 이를 한 달에 30개씩 판매한다면 추가수익은 90만원이 늘어나게 된다.

기존 제품의 가격인상

기존에 판매하는 온라인 강의의 가격을 20% 인상하고, 프로모션을 통해 판매량을 증가시킨다면 자연스럽게 매출이 상승한다.

나만의 항로를 그려라

그리고 오너가 빠져도 계속해서 수익이 날 수 있는, 아니 오히려 수익이 증가하는 시스템을 만드는 것에 초점을 맞추어야 한다. 이것이 가능해지려면 다음에 소개하는 인적자원을 컨트롤할 수 있는 시스템이 필요하고, 시장을 연구하고 분석하는 시스템, 제품을 업그레이드시키는 시스템, 고객과 소통하는 시스템 등이 필요하다. 물론 시간이 많이 걸릴 수 있다. 하지만 사업가는 수익시스템을 만들 줄 알아야 그 다음 그림을 그릴 수 있다.

:: 인적자원 시스템

인적자원을 컨트롤할 수 있는 시스템의 핵심은 인재양성 프로그램을 갖추는 것이다. 인재에게 의존되어 있는 시스템은 인재가 빠져나갔을 때 시스템이 무너지는 구조를 가지고 있기 때문이다. 좋은 예로 연예기획사가 있다. 연예기획사에서 뛰어난 연예인을 키워냈는데, 그 연예인이 독립하거나 기획사 이전을 결정하면 어떻게 되겠는가? 시스템이 무너지는 것이다. 그래서 연예기획사는 뛰어난 연예인을 계속해서 양성할 수 있는 시스템을 가지고 있어야 안정적으로 유지될 수 있는 것이다. 이는 모든 사업시스템에 있어 매우 중요한 시스템이다.

:: 시장을 연구하고 분석하는 시스템

대중들의 성향과 흐름을 국내뿐만 아니라 해외까지 느끼고 있어야

한다. 크게는 뉴스·신문에서부터 각종 인터넷 커뮤니티와 SNS, 댓글까지 그들의 문화를 체크해야 하는 것이다. 실제로 그들의 문화를 들여다보면 어떤 제품을 어떻게 구매하는지, 그 동선이 어떻게 짜여져 있는지 변화를 감지하고 분석할 수 있게 된다. 이는 회사의 다음 방향을 설정하는데 필요한 정보가 된다.

제품을 업그레이드시키는 시스템

시장을 연구하고 분석하다 보면 현 제품의 보완점이 나타나기 시작한다. 고객들이 쓰는 글과 거기에 달리는 댓글만 해도 충분할 만큼의 데이터로 활용할 수 있다. 그들이 무심코 내뱉는 말을 지나치지 말고 데이터화시켜서 제품 성장에 활용해야 한다. 예를 들어 같은 종류의 경쟁사 제품이 국내에서는 아직 고객들의 입에 오르내리지 않지만, 해외에서 대박을 친 기능이 있다면 준비를 해야 하는 것이다.

고객과 소통하는 시스템

끊임없이 고객과 소통을 해야 한다. 고객이 우리에게 주는 피드백은 1,000만원짜리 리서치 연구결과보다 정확하고 날카롭게 우리에게 스며든다. 고객들은 유일하게 우리에게 대가없이 성장을 위한 쓴소리를 마다하지 않는다.

03

새로운 사업에
다시
도전하라

계산된 위험은 감수하라.
이는 단순히 무모한 것과는 완전히 다른 것이다.
— 조지 S. 패튼

항상 새로운 사업의 도전을 준비하라

사업이 스스로 성장하기 시작했다면 새로운 도전을 준비할 타이밍
이다. 새로운 사업을 시작하는 것이다. 하나의 사업을 성공궤도에 올
려놓았다면 이를 기반으로 새로운 사업을 시작하는 것을 추천한다.
첫 사업을 시작했던 그 열정으로 다시 한 번 도전해 보는 것이다. 다
만 그때와 달라진 것이 있다면 주머니에 현금이 여유있게 차있다는
것 정도가 아닐까 싶다.

물론 하나의 사업에서 꾸준하게 현금흐름이 나온다면 여러 가지
자유로운 선택을 할 수 있다. 부동산을 구입하거나 멋진 차를 살 수

168   PART3 내일을 위해 오늘 시작하라

도 있고, 재테크를 할 수도 있다. 신사업을 굳이 하지 않아도 상관없다. 다만 첫 사업에서 사업의 재미를 느꼈다면 한 번쯤은 새로운 사업에 도전해 보는 것을 추천하는 바이다.

두 번째 사업은 첫 사업만큼 힘들고 고되지는 않을 것이다. 이미 한 번의 사업시스템을 구축한 경험(사실 이게 가장 힘들다)이 있기 때문에, 두 번째 사업시스템은 여행을 가는 느낌으로 즐겁게 진행될 것이니 말이다. 대중들이 들려주는 사업의 기회가 더 잘 들릴 것이고, 사업의 기회를 현실화시키는 그림도 빠르게 정리될 것이다. 게다가 첫 사업시스템을 구축하면서 당신에게는 좋은 인재도 모여있을 것이다. 그러니 첫 사업과 두 번째 사업은 같은 방향과 흐름을 가지고 가겠지만 분명 다른 느낌으로 진행될 것이다.

나는 사업이 즐거웠다. 내가 만든 새로운 시스템이 시장에 소개되는 것도, 고객들이 서비스를 구매하는 것도, 그리고 그들과 소통하는 것도 모두 다 즐거웠다. 그리고 그것은 지금도 마찬가지다. 게다가 신사업을 준비하며 다시 한 번 열정적인 내 자신을 보는 것이 즐거웠다. 사업이 수익을 내기까지의 힘든 기간을 이겨내고, 손익분기점을 넘길 때의 짜릿함은 이루 말할 수 없기 때문이다.

다시 한 번 비즈니스 모델을 찾으며 가슴뛰는 사업을 발견하길 바란다.

Start⬆p

PART 3

1장

철저하게
준비하라

비즈니스 모델을 찾아라

현 창업자들이 경험한 것은
20년 전의 내 경험과 그리 다르지 않다.
— 빌 올렛, 《MIT 스타트업 바이블》 저자

비즈니스 모델은 사람의 삶과 같다. 어느 하나 똑같은 사람이 없는 것처럼 말이다. 비슷하게 생겼지만 완벽하게 똑같이 생긴 사람은 세상에 없다. 비즈니스 모델도 마찬가지다. 누군가는 외칠 수도 있다.

"쌍둥이의 존재는 어떻게 설명할 건가요? 그들은 존재한다구요!"

미안하지만 쌍둥이도 유전자는 다르다. 펩시와 코크가 똑같이 콜라를 만들어 낸다고 해서 같은 비즈니스 모델을 가지고 있는 것이 아니라는 것이다. 유사할 수는 있지만 같을 수는 없다. 지금부터 우리들은 세상에 하나밖에 없는 자신만의 비즈니스 모델을 찾는 여행을 떠날 것이다.

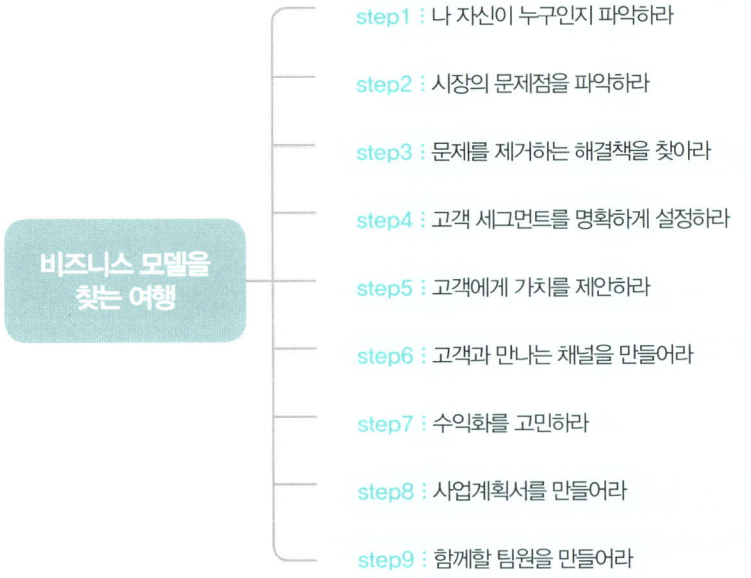

Step1 나 자신이 누구인지 파악하라

먼저 필요한 것은 창업자인 나 자신에 대해 파악하는 것이다. 내가 누군지 모르면 어떤 것을 만들지 알 수 없다. 나 역시 첫 창업을 시작할 때 매우 고민했던 부분이다.

28세, 가진 것 없고 경험도 부족한 내가 사업을 하고자 마음을 먹었다. 그런데 도무지 무엇부터 해야 할지 알 수가 없었다. 당시 나는 항상 사업 아이템에 대한 열망에 휩싸여 있었다. 하지만 내가 했던

거라고는 성공한 스타트업과 1인 기업들을 보면서 어떤 아이템으로 시작을 했는가 연구하는 것, 그리고 책을 읽는 것이 고작이었다. 그러던 어느날 나의 의식을 흔들어 놓은 한 구절을 읽게 되었다.

"너 자신을 알라."

그렇다. 아주 어렸을 때부터 이미 알고 있었던 소크라테스의 명언이다. 하지만 이 짧은 말 속에 세상의 진리가 숨겨져 있다는 사실을 그때까지는 차마 깨닫지 못했다. 나는 나 자신도 잘 모르는 상태에서 세상을 알려고 했다. 당연히 답답한 마음들과 진행되지 않는 현실이 힘겨웠을 터였다.

소크라테스는 사람들에게 질문과 답변을 하며 깊은 진리를 탐구했다. 이는 그대로 나에게 적용되어 돌아왔다. 놀라울 정도로 나는 나 자신을 모르고 있었다. '나는 누구인가?'라는 간단한 질문에 대답을 못하던 시절이었으니 말이다. 게다가 알고 있다고 자부하던 지식은 오만함이 공존하고 있었다.

그렇기 때문에 나 자신에 대한 이해를 하는 것에서부터 비즈니스 모델은 시작된다. 이때 스스로에 대한 질문과 답변을 통해 내면의 자신을 발견하는 시간이 필요하다. 많은 것들에 대해 알아가겠지만 창업을 위해 꼭 해결해야 하는 질문은 다음과 같다.

⟡ 나의 강점은 무엇인가?
⟡ 나의 약점은 무엇인가?

- 좋아하는 것들은 무엇인가?
- 싫어하는 것들은 무엇인가?
- 남들보다 눈에 띄게 잘했던 것은 무엇인가?

이 다섯 가지의 질문은 타인과 나를 구별되게 만들어 줬다. 대부분의 사람들이 스스로에게 질문을 던지지 않는 현실이 오히려 창업가들에게는 좋은 기회인 것이다. 과거에도 역시 그랬을 것이다. 스스로 질문을 하는 사람은 어느 시대에나 많지 않았을 것이다. 그래서 생각하는 사람은 생각하지 않는 사람보다 더 현명하다. 마치 책을 읽는 사람과 전혀 책을 읽지 않는 사람과의 차이처럼 그 간극은 분명히 나타나게 되어 있다. 한마디의 말, 하나의 단어에서 차이를 불러 일으키며 대화의 방향은 생각을 하느냐 하지 않느냐에 따라 나뉘는 것이다.

자신을 인지하지 못하는 자는 스스로 삶의 방향성을 잡을 수 없다. 원하는 삶이 어떤 것인지 깨닫지 못한 채 헤매이게 되는 법이다. 마찬가지로 자신의 방향성을 잡지 못하면 사업의 방향성을 잡을 수 없다. 성공한 사업가들은 자의든 타의든 방향성을 잡고 나아간다. 사업은 시작하는 것보다 어떻게 발전시키고 이끌어 나가느냐에 따라 성공의 여부가 달려있는데, 여기에서 중요한 것이 방향 설정이다. 방향 설정에는 정해진 방법이 없다. 오직 생각의 결과물만 있을 뿐이다. 나에 대한 정체성과 방향성을 정립했다면 다음 단계로 넘어갈 차례다.

Step2 시장의 문제점을 파악하라

세상은 해결되지 않은 문제점들을 해결해줄 영웅을 기다린다. 그리고 결국 문제를 해결하는 영웅이 탄생하기 마련이다. 비즈니스 모델의 탄생도 그 문제점이 무엇인지 파악하는 것에서 출발한다. 몇몇 창업가들은 자신이 하고 싶어하는 것으로 창업을 한다. 그리고 이들은 대부분 5년 이내에 폐업신고로 사업을 마감한다. 이처럼 사업에서 중요한 것은 개인의 성향에 의한 비즈니스 모델이 설정되어서는 안 된다는 것이다. 철저하게 시장의 문제점을 파악하는 것에서부터 시작해야 한다.

창업에서 가장 중요한 것이 무엇일까? 창업자의 꿈? 자아실현? 명예? 타이밍? 팀워크? 모두 중요한 요소이지만 가장 중요한 핵심은 '고객'이다. 그냥 고객이 아니라 우리의 최종 상품을 구매하는 고객이 사업의 핵심이다. 그들은 당신의 꿈이나 자아실현, 명예와 팀워크 따위에는 전혀 관심이 없다. 언제나 그들의 관심사는 자신의 문제를 해결해줄 영웅이 누구인지 찾는 것이다. 그들은 영웅을 부를 때 불평, 불만, 비판, 짜증, 분노, 아쉬움, 초조함, 불확실성 등등의 주문을 외운다. 만약 누군가가 이 주문을 외우고 있다면 당신은 영웅이 될 기회를 잡는 것이다.

현재 내가 운영하는 5개의 사업체는 이러한 시장의 문제점을 파악하고 생겨난 스타트업이다. 시장에는 문제점이 너무나도 많기 때문

에, 하루에도 수십 개의 기회를 발견할 수 있다. 이런 나의 주장을 처음 듣는 사람들은 의심의 눈초리를 내게 보내곤 한다. 하지만 시장에서 기회를 포착하는 경험을 점차 늘려 나간다면 사업의 기회가 너무나 많다는 것을 스스로 깨닫게 될 것이다.

사업의 기회는 시장의 문제점에서 나온다. 만약 누군가가 이렇게 이야기한다면 유심히 귀를 기울여라.

- 운동하며 살을 빼야 하는데 집 밖에 나가기가 귀찮아.
- 지금보다 50만원 정도만 더 벌 수 있으면 얼마나 좋을까?
- 영어 학원비가 너무 비싸서 부담돼.
- 왜 내 사업은 고객이 찾아오지 않을까?
- 너는 왜 맨날 약속시간에 늦는거야?
- 뻔한 데이트는 이제 그만 좀 했으면 좋겠어!
- 밤길이 너무 위험해. 혹시 무슨 일이 일어나면 어쩌지?

이 모든 것이 시장에서 해결점을 찾는 고객들의 목소리다. 이러한 문제점들을 파악하는 것이 비즈니스 모델 설정의 출발인 셈이다.

Step3 문제를 제거하는 해결책을 찾아라

문제점을 찾았다면 이제는 그 문제를 앓고 있는 사람들을 어떻게

구해줄지 고민하는 일이 남아있다. 문제를 제거하는 해결책을 찾아야 한다. 이는 어떻게 하면 제한없이 그들의 문제점을 없애는 것이 가능한지 고민해 보고 정리하는 단계이다. 브레인스토밍의 시간이라고 생각하면 되겠다.

운동하며 살을 빼야 하는데 집 밖에 나가기가 귀찮아.

집에서도 효과적으로 운동을 할 수 있는 해결책 제시

지금보다 50만원 정도만 더 벌 수 있으면 얼마나 좋을까?

한 달 50만원을 더 벌 수 있는 해결책 제시

영어 학원비가 너무 비싸서 부담돼.

영어 수업을 무료로 진행할 수 있는 해결책 제시

왜 내 사업은 고객이 찾아오지 않을까?

사업체에 고객이 찾아올 수 있는 해결책 제시

너는 왜 맨날 약속시간에 늦는거야?

약속시간에 늦지 않게 만드는 해결책 제시

뻔한 데이트는 이제 그만 좀 했으면 좋겠어!

독특한 데이트를 경험하도록 해결책 제시

밤길은 너무 위험해. 혹시 무슨 일이 일어나면 어쩌지?

밤에도 안전함을 느낄 수 있도록 하는 해결책 제시

이 단계에서는 너무나 다양한 해결책이 탄생한다. 그렇기 때문에

기상천외한 비즈니스 모델들이 세상에 튀어나온다. 누군가는 홈트레이닝 운동을 동영상으로 제공하고, 그 운동에 필요한 운동기구 쇼핑몰에서 수익을 낸다. 유튜브에서 무료로 영어강의를 해주고 교재와 다시듣기·광고수익 등으로 수익을 발생시키며, 소상공인들을 위한 플랫폼을 만들어 고객들에게 노출되게끔 만들어 주며 수익을 얻어낸다. 약속을 지키지 않았을 때 벌칙을 설정해 주는 비즈니스 모델이 있는가 하면, 이색데이트를 매일 업데이트해 주는 비즈니스 모델도 있다.

Step4 고객 세그먼트를 명확하게 설정하라

3단계에 걸쳐서 비즈니스 모델의 기초를 다졌다면 이제는 고객을 설정할 때이다. 예를 들어 비즈니스 모델이 호신용품이라고 가정해 보자. 폭력과 강도, 기타 범법행위가 늘고 있는 요즘, 호신용품은 일반인들이 자신의 몸을 지킬 수 있는 수단이 되는 용품이기에 시장의 문제점을 잘 파악한 것이다. 다만, 모두에게 팔고자 한다면 중요한 것을 놓치는 것이다. 고객들은 대부분 평소에 그런 문제점에 대해 깊이 생각하지 않기 때문이다.

그렇기 때문에 고객을 확실하게 정해야 한다. 호신용품을 모두에게 팔지 말고, 남성에게 팔아보는 것이다. '왜 남성에게 팔아야 하지? 여성들이 더 많이 쓰잖아!'라고 생각할 수 있다. 물론 맞는 말이다. 다

만 구매한 사람이 꼭 그것을 사용하라는 법은 없다. 바로 여자친구에게 주는 선물로 호신용품을 사는 것이다. 그렇다면 여기서 다시 한 번 고객은 '남성'에서 '여자친구가 있는 남성'으로 좁혀진다. 아직도 고객의 범위가 다소 넓다. 한 번 더 여자친구가 있는 대학생 남성으로 고객의 범위를 좁혀보자. 그런데 왜 하필 대학생 남성일까?

이유는 간단하다. 대학생은 가격이 높은 선물은 부담을 느낄 수 있는데, 호신용품은 대학생들도 부담없이 선물할 가격대를 가지고 있다. 게다가 이들은 인터넷 세상의 이슈에 민감하고, 이슈를 만들어가는 세대이기도 하다. 그들은 흉흉한 소식들에 민감하게 반응하고, 구매경험을 적극적으로 인터넷에서 만들어가기 때문에 호신용품의 고객 세그먼트로 최적인 것이다.

이렇듯 비즈니스 모델의 기초를 다지면서 고객을 확실하게 나누어야 한다. 자본이 엄청난 대기업의 경우는 고객을 넓게 잡아도 감당할 수 있겠지만, 스타트업의 경우에는 작게 시작해야 한다. 아주 작게 시작하여 확실한 매출을 올리며 성장해 나가는 것이다. 이렇게 고객을 정했다면 다음 단계로 갈 차례다.

Step5 고객에게 가치를 제안하라

고객을 세분화시키는 과정을 지나왔다면 다음은 가치 제안을 정할 차례이다. 보통 첫 창업을 준비하는 사람들은 고객들에게 아이템을

보여주면 사줄 거라고 믿는다. 적어도 나는 그랬다. 셀카봉을 여성들에게 판매하면 셀카찍기 좋아하는 여성들이 알아서 사줄거라 믿었던 때가 있었다. 하지만 당연하게도 고객은 가치를 이야기하지 않는 아이템은 선택하지 않는다. '이거 사야지!'라고 항상 생각하고 있는 고객이라면 모르겠지만 말이다.

자, 그럼 어떻게 고객에게 가치를 제안할 수 있을까? 그것은 그고객의 관점에서 생각을 깊게 하는 것에서 출발한다. 이를 페르소나 기법이라고 하는데, 고객의 가면을 썼다고 생각하는 것에서부터 시작된다. 앞에서 예를 든 호신용품이라고 가정해 보자. 타겟은 여자친구가 있는 남자 대학생이었다. 우리가 그 남학생의 입장이 되어 보는 것이다.

– 사랑하는 여자친구가 생겼다. 우리는 대학생활을 하면서 연인이 되었고, 서로를 너무나 사랑한다(보통 이 시기의 연애는 매우 깊은 사랑의 감정에 빠진다). 여자친구를 만나는 날이면 언제나 기분이 좋다. '우리처럼 즐거운 커플이 또 있을까?'라는 달콤한 상상을 하며 오늘도 행복한 시간을 보냈다. 밤이 늦어 여자친구와 헤어지고 집에 가는 길, 휴대폰으로 뉴스를 보다가 '늦은 밤 귀가길, 범죄 급증'이라는 기사를 보자마자 여자친구가 걱정되기 시작한다. –

여자친구의 늦은 귀가길을 걱정하기 시작한 고객은 우리의 호신용

품의 가치를 들여다 볼 것이다. 문제를 해결하고자 하는 마음이 있는 고객에게 우리의 상품(서비스)을 보여준다면 효율적인 가치 제안을 할 수 있을 것이다.

일반적으로 고객은 처음부터 우리의 상품(서비스)에 관심을 보이지 않는다. 다만, 어떤 특정한 사건이 발생했을 때 우리의 상품을 필요로 할 가능성이 있는 것이다. 호신용품을 예로 들었지만, 모든 상품이 여기에서 크게 벗어나지 않는다.

어떤 가치를 줄 것인지 정해졌다면 어떤 상황에서 고객이 제품을 필요로 할지를 고민해야 한다. 여자친구가 있는 대학생 남자라고 모두가 내 상품을 필요로 하고 사야 할 것이라는 긍정적인 상상은 통찰력을 앗아갈 수 있다. 고객은 고객이 필요할 때 상품의 가치를 느끼기 때문이다.

자, 그럼 어떤 가치를 전달할 것이며, 어떻게 가치를 제안해야 하는지 파악했다면 다음은 채널이다. 고객과의 접점을 찾는 것이다.

`Step6` 고객과 만나는 채널을 만들어라

고객과 만나는 채널은 굉장히 중요한 요소이다. 메인플랫폼을 구축하고 서브플랫폼으로 마케팅을 하여 고객과의 접점을 만드는 공간을 마련하는 것이다. 채널은 고객과 상품(서비스)에 따라 결정되는데, 그 이유는 고객마다 선호하는 공간이 다르기 때문이다.

채널은 크게 오프라인과 온라인으로 나눌 수 있는데, 지금은 오프라인의 경우도 온라인을 기반으로 하지 않으면 사업 진행에 어려움을 겪게 된다. 휴대폰으로 제품과 서비스의 정보를 얻을 수 없다면 그만큼 고객과의 소통에서 멀어지는 것이기 때문이다. 그런 이유에서 우리는 온라인 채널을 먼저 알아야 한다.

먼저 우리의 상품(서비스)을 고객에게 잘 표현할 수 있는 메인플랫폼이 필요하다. 메인플랫폼은 홈페이지, 카페, 커뮤니티, 어플리케이션 등으로 구분할 수 있는데, 중요한 것은 고객들의 정보를 수집하여 소통할 수 있는 공간이어야 한다는 것이다. 고객의 정보를 알아야 필요한 정보를 주면서 니즈를 상승시킬 수 있는 것이다. 간혹 블로그나 SNS 개인계정을 메인플랫폼으로 생각하는 경우가 있는데, 이는 메인플랫폼의 기능을 온전히 발휘하지 못한다. 메인플랫폼의 가장 중요한 역할은 고객정보를 기반으로 꾸준히 소통하며 관계를 쌓아갈 수 있어야 한다. 메인플랫폼의 선택은 상품(서비스)의 종류에 따라 결정해야 한다. 소통이 많이 필요한 상품이라면 카페·커뮤니티가 어울릴 것이고, 콘텐츠나 전문성을 높이고자 한다면 홈페이지가 맞을 것이다. 모바일 시스템에 적합한 상품이라면 어플리케이션이 메인플랫폼의 역할을 할 것이다. 메인플랫폼을 정했다면 이제 서브플랫폼을 정할 차례이다.

서브플랫폼은 메인플랫폼에 고객들을 유입시켜 주는 중요한 요충지이다. 서브플랫폼은 메인플랫폼과 달리 고객의 DB를 직접 수집하

는 것이 아니라 메인플랫폼으로 넘겨주는 역할을 하게 되는데, 매우 다양한 채널이 존재한다. 블로그, 포스트, 밴드, 각종 SNS가 여기에 해당된다. 이 채널들은 고객층과 상품에 따라 자유롭게 선택이 가능하다. 메인플랫폼과 달리 여러 개의 서브플랫폼에서 고객을 유입하기 때문이다. 한 곳에서 상품(서비스)이 노출되는 것보다 10곳에서 노출되는 것이 사업의 매출증대와 영향력을 성장시키는 데 도움이 된다.

Step7 수익화를 고민하라

6단계까지의 과정을 무사히 마쳤다면 이제는 고객에게 상품(서비스)을 전달하며 수익화의 단계에 들어서기 시작한다. 여기에서 우리는 영업과 판매에 대한 준비를 해야 한다. 첫 창업을 하는 스타트업의 경우 영업과 판매기술에 대해 간과하는 경우가 많다. '우리는 기술과 혁신으로 승부하는 IT 스타트업이야!'라고 하면서 오로지 개발에만 힘쓴다. 하지만 회사 운영에서 가장 중요한 것은 영업과 판매기술이다. 회사는 영업만 잘해도 굴러간다는 말이 있다. 즉, 홍보를 잘해 많은 고객이 홈페이지에 방문한다고 해도 이들이 구매로 연결되지 않으면 의미가 없는 것이다.

이 단계에서는 메인플랫폼에 쌓여있는 고객DB를 매출로 이어지게 하는 영업과 판매전략을 세워야 한다. 잘못된 영업전략은 고객으로 하여금 오히려 니즈를 떨어뜨리는 결과를 낳기도 한다. 고객의 마

음을 사로잡고자 한다면 그들의 상황을 꿰뚫고 있어야 한다. 그들의 상황을 꿰뚫는 방법은 단 하나다. 꾸준한 소통이 그것인데, 고객과 소통하지 않으면 그들의 상황을 알지 못하기 때문이다. 이들이 구매확정을 오늘 할지, 1년 뒤에 할지 알지 못하면 그들에게 맞춤형 판매전략을 사용할 수 없게 된다. 그러니 꾸준한 소통으로 고객의 니즈를 확인하고 시기적절한 영업과 판매전략을 채택해야 한다.

비즈니스 모델을 세우고 판매와 영업전략까지 완성했다면 실제로 비즈니스 모델을 기획하는 단계에 들어선다.

Step8 사업계획서를 만들어라

사업계획서는 7단계까지의 비즈니스 모델 기획안을 정리하는 시간이라 생각하면 된다. 너무 어렵게 생각하지 말고, 직관적으로 무슨 사업을 어떻게 진행해 나갈 것인지에 대한 이야기를 쓰는 것이다. 다만 너무 형식적인 사업계획서도 안 되겠지만, 모호하게 작성해서도 안 된다(사업계획서의 샘플은 부록을 참고하기 바란다).

사업계획서를 쓰는 이유는 크게 두 가지이다. 하나는 투자나 정부지원을 받을 때이고, 다른 하나는 팀원을 모집할 때이다. 따라서 두 가지 이유가 해결이 되면 사업계획서는 크게 중요하지 않다. 무자본으로 창업을 해서 수익화를 이루면 굳이 투자를 받을 이유가 없기 때문에 사업계획서를 만들지 않아도 된다. 또 팀원을 모집하는 것은 사

업의 타당성 등을 보여주기 위해 필요할 수 있겠지만, 이는 미팅을 통해서도 진행이 가능하다.

창업에 앞서 사업계획서를 한 번 정도 써보기를 권한다. 물론 투자나 자금 지원이 필요한 경우라면 권유가 아니라 필수로 작성해야 하겠지만, 사업계획서를 쓰면서 본인의 사업을 정리해볼 수 있기 때문이다. 즉, 여러 통계자료나 시장조사를 통해 비즈니스 모델이 시장에서 좋은 반응을 일으킬 수 있을지에 대한 고민을 하면서 객관적인 시선으로 내 사업을 검토해 볼 수 있다.

단, 사업계획서가 마치 사업의 전부인 듯 매달릴 필요는 없다. 사업계획서는 내 사업을 종이에 정리한 것, 거기까지이다. 진정한 사업은 부딪히고 경험하며 진행되는 것이다.

`Step9` 함께할 팀원을 만들어라

자, 이제 준비단계의 마지막인 팀 빌딩이다. 사업은 혼자 하는 것이 아니다. 팀이 필요하다. 개인은 팀을 넘어설 수 없으며, 위대한 성과는 팀이 만들어 낸다. 개인이 할 수 있는 일은 한계가 있기 때문에 사업은 인재등용이 중요하다. 아니, 거의 전부라고 해도 과언이 아니다. 모든 일은 사람에서 시작해서 사람이 끝을 맺기 때문이다.

8단계까지의 과정을 마쳤다면, 내가 할 수 있는 일들과 하지 못할 일들을 구분할 수 있을 것이다. 내가 하지 못하지만 비즈니스 모델의

현실화를 위해 반드시 필요한 일이라면 내가 그 방법을 배우거나 그 것을 가능케 할 팀원을 구해야 한다. 이때 내가 직접 방법을 배우면 최상이겠지만 시간의 문제가 발생한다. 사업은 타이밍이라는 점을 염두해 두자. 또 제때에 팀원을 구하지 못하면 외주작업을 줘야 하는 경우가 생긴다. 외주작업의 경우는 자칫 외부 리스크가 발생할 수 있으므로 항상 주의를 기울여야 한다.

이처럼 내가 직접 하거나 팀원을 구하거나 외주작업을 의뢰하는 경우 등 적재적소에 맞는 인재를 배치함으로써 올바르게 사업이 완성될 수 있도록 하는 인사관리가 필요하다.

그렇다면 팀 빌딩은 반드시 필요한가? 꼭 그렇지만은 않다. 만약 내가 혼자서 할 수 있는 비즈니스 모델이라면 1인창업으로 시작해도 좋다. 시간의 투자가 필요하기는 하지만 필요한 것이 있으면 직접 배우면서 터득하는 것도 좋은 방법이다.

자, 이제까지 비즈니스 모델의 기초적인 9단계의 방법을 알아보았다(참고로 비즈니스 모델의 9단계 구축 예시를 부록에 실어 놓았으니 참고하기 바란다). 혹여나 9단계에 걸쳐서 비즈니스 모델의 기초를 만들어 갈 때 경쟁사가 존재한다는 이유만으로 포기하지 않기를 바랄 뿐이다. 대부분의 창업자들은 자신의 비즈니스 모델과 유사한 스타트업을 발견하거나, 그들이 고객 모집의 단계까지 진입한 것을 보면 포기해 버린다. 아무것도 해보지도 않고 말이다.

하지만 내가 생각한 아이디어는 누군가가 이미 준비하고 있거나 시작을 하고 있다는 사실을 알아두어야 한다. 혹시 당장은 존재하지 않더라도 내가 시작을 하고 결과를 조금씩 내면 반드시 따라하는 누군가가 생긴다. 이것이 진실이다. 즉, 경쟁은 피할 수 없는 것이다. 사업은 전쟁과 너무나 유사하다. 사업을 하는 사람들이 고전에서 해답을 얻는 이유는 그 진실에 직면하기 때문이다. 다만, 피가 흐르지 않을 뿐이다.

경쟁사가 이미 존재하면 그들이 해결하지 못하고 있는 고객의 니즈를 찾아서 연구하고, 연구해서 돌파구를 찾으면 그만이다. 이미 존재한다고 하여 미리 겁먹고 꼬리를 내리지 말아야 한다. 반대로 생각해 누군가가 나의 아이디어와 유사한 비즈니스 모델을 세상에 들고 나왔다고 해보자. 이는 분노에 휩싸일 일이 아니다. 사업의 특성이 원래 그렇기 때문이다.

우리가 해결하지 못하는 고객의 니즈를 상대방이 해결하고 있다면 그들은 잘하고 있는 것이다. 그들 때문에 고객의 니즈가 해결되고, 세상이 더 나은 방향으로 흘러가고 있다면 말이다. 그럼, 우리는 그때 넋 놓고 바라만 보아야 할까? 그들이 시장점유율을 빼앗아 가고 있는 것을 눈뜨고 지켜보아야 하는 걸까? 생각하는 대로다. 우리 역시, 현재 고객의 니즈를 해결할 무언가를 연구하고 개발해야 한다. 사업은 언제나 고객을 향한 관심이 필요하다. 그러니 어떤 비즈니스 모델을 만들더라도 시장조사와 함께 경쟁사분석, 고객의 니즈를 찾기 위

한 여정을 통해 비즈니스 모델을 검토하기 바란다. 다시 한 번 강조해도 부족하지 않다. 고객에게서 해답을 찾아야 한다. 아무리 스타트업 구성원끼리 좋은 아이디어라고 생각한다 해도 그 결과는 시장이 판단하는 법이다.

명심하라. 비즈니스 모델은 하루에도 몇 번씩 찾을 수 있고, 비슷한 아이디어는 언제나 세상에 퍼져있다는 것을! 중요한 것은 누가 먼저 시작했느냐가 아니라 누가 먼저 고객의 마음을 훔쳤느냐임을 잊지 않아야 한다.

사업계획서를 작성하라

자신의 가족을 가르칠 수 없는 자는
남을 가르칠 수 없다.
– 공자

사업계획서는 단순한 투자유치가 아닌

성장가능성에 대한 증명서이다

사실 나는 세 번째 사업을 시작할 때까지만 해도 사업계획서를 작성해본 적이 없다. 사업계획서의 사전적 의미는 창업, 자금조달, 신규사업, 투자유치, 신년도 사업계획 등 사업을 추진함에 있어 사업의 내용을 정리한 문서를 뜻한다. 하지만 무자본으로 창업을 해서 수익을 내는 형태로 사업을 키워왔던 나에게는 투자라거나 자금적인 문제는 큰 이슈가 안 되었기 때문이다. 물론 이때는 사업을 잘 몰랐고 체계

적인 그림을 그리지 못했을 때이기도 하다.

온라인마케팅 회사의 수익이 점점 늘어가고, 창업교육회사의 수익도 늘어나 현금흐름이 탄탄했을 때, 우리는 렌즈 수출을 주력으로 하는 회사를 설립하기로 한다. 언제나 그렇듯 비즈니스 모델을 기획하고 실행에 옮길 준비를 할 즈음, 스타트업 모임을 통해 만난 지인에게서 정부지원사업에 대해 듣게 되었다.

"대표님, 정부지원사업은 한 번도 신청 안 해보셨어요?"

"그게 뭐에요?"

"헉."

보통 사업을 하고자 하는 사람이라면 한 번쯤은 알아봤을 법한 내용이었지만, 나는 처음 듣는 내용이었다. 그만큼 나만의 틀에서 사업을 하고 싶었던 것이다. 사업의 성장가능성을 보고 정부에서 지원을 해주거나 투자·대출을 해주는 정책이 있다니 놀라울 따름이었다. 이는 사업을 막 시작하는 스타트업에게는 굉장한 기회이기도 했다. 지금에서야 느끼지만 정부지원이라든가, 외부 투자유치는 당장의 사업 운영비로도 쓰이지만 그만큼 성장가능성이 증명되었다는 것이기도 했다.

그래서 정부지원사업에 대해 연구하기 시작했다. 그리고 마침내 2017년 2월 신사업창업사관학교에 당당히 합격하여 선정기업이 되는 쾌거를 이루었다. 이것은 우리의 세 번째 회사인 렌즈 수출회사의 이야기다.

사업계획서, 이 정도는 알아두자

우리는 렌즈사업에 대한 사업계획서를 작성할 때 복잡하게 쓰지 않았다. 어떤 편법도 쓰지 않았다. 정말 쉽게, 누구나 이해하게끔 간단명료하게 쓴 것이 포인트였다. 우리가 실제로 사업계획서를 작성할 때의 과정을 간단하게 소개하면 다음과 같다.

첫째, 우리는 먼저 비즈니스 모델에 대한 생생한 기획을 그대로 종이에 적어 내려갔다. 앞에서 다룬 비즈니스 모델을 찾는 방법을 그대로 종이에 적어가며 확실하게 정리를 해두는 것이 중요했다.

둘째, 우리가 하고자 하는 사업이 무엇인지 한 문장으로 정리했다. 기획했던 모든 것을 종이에 적어보니 대체 무슨 이야기를 하려는 건지 우리도 헷갈릴 듯 했다. 우리의 사업계획서를 보는 것은 렌즈 전문가가 아닌 심사위원들이었다. 우리의 눈높이에서 설명하지 않고, 초등학생도 알아들을 만큼 간단하게 표현하는 것이 필요했다. 어떤 사업을 할 것인지, 그것이 시장에 왜 필요한지, 그 서비스가 실행되면 누가 이용할 것인지, 수익화는 어떻게 만들 것인지 등등 이런 것들을 설명하는데 전문용어나 어려운 단어들은 전혀 필요치 않았다.

셋째, 우리의 근거를 뒷받침할 증거자료를 준비했다. 아무리 우리의 사업계획서가 이해하기 쉽고, 누구나 고개를 끄덕일만한 문서로 태어났더라도 우리는 확실한 한 방을 원했다. 그것은 우리 사업이 현실화되기 위해 필요한 고객들의 선택이었다. 우리는 타겟고객들에게

직접 찾아가서 우리의 서비스를 설명했다. 이때 10초 안에 우리 사업이 어떤 것인지 이해시킬 정도로 간결하고 명료해야 고객들이 좋아한다는 것을 알게 되었다. 그들을 10초 안에 설득하고, 우리 서비스가 현실로 이루어진다면 구매의향이 있는지 물었다. 그리고 긍정적인 답변을 한 고객들에게 구매의향서를 쓰도록 권유했다. 결과는 어땠을까? 흔쾌히 써주는 고객들이 많았다. 답은 테이블 위에 있는게 아니라 현장에 있다는 것을 다시 한 번 느끼는 순간이었다.

아마도 이러한 세 가지 이유 때문에 우리는 처음 도전한 정부지원사업에서 선정기업이 되었을 것이라고 생각한다. 아니, 거의 확신하고 있다. 그러니 사업계획서를 쓰는데 너무 머리를 아프게 괴롭히지 말기를 바란다. 우리는 비즈니스 모델의 기획을 토대로 하루만에 사업계획서를 쓰윽쓰윽 썼고, 나머지는 증거자료를 찾는데 시간을 투자했다. 참고로 미핑렌즈의 사업계획서를 부록에 실어 놓았다.

만약 독자 여러분들이 사업계획서를 쓴다면 이 세 가지를 활용해보기를 바란다. 그리고 정말 잘쓴 사업계획서는 자금조달, 투자유치, 팀 빌딩 등 다양하게 활용되지만 사업계획서보다 중요한 것은 비즈니스 모델의 가치와 팀원의 구성이라는 것을 기억하기를 바란다.

Tip

사업계획서 · 작성을 · 위해 · 던져봐야 · 할 · 질문들

1. 우리가 세상에 내놓고자 하는 제품은 무엇인가?

한 문장으로 제품을 설명할 수 있어야 한다. 이는 그 제품에 대해 깊이 고민했다는 증거이다. 그렇게 나온 한 문장은 우리 사업의 방향을 명확하게 정의하고 모든 것을 대변하게 된다. 쿠팡은 '오늘 구매하면 내일 배송'이라는 문장으로 로켓배송을 탄생시켰다. 허핑턴 포스트는 '누구나 자신의 글을 올리는 동시에 기자가 될 수 있다'라는 문장으로 자유로운 뉴스플랫폼을 만들었다. '오늘 남은 객실을 판매합니다'라는 문구로 데일리호텔이 탄생했다. 이처럼 핵심가치가 명확한 제품은 전달력이 강한 하나의 문장으로 표현이 가능하다. 우리가 세상에 내놓고자 하는 제품을 한 문장으로 줄일 수 있어야 한다.

나의 제품은 (_____)이다.

2. 누구에게 판매할 것인가?

우리의 제품이 반드시 필요한 사람이 누구인가? 명확한 타겟고객이 결정되어야 한다. 그리고 그 고객군에 대해 철저하게 조사하고 연구하는 노력이 필요하다. 그리고 그 고객은 세밀화되어야 한다. 모두

에게 판매한다는 것은 누구에게도 판매하지 않겠다라는 것과 같다. 특히 초기 스타트업의 경우에는 세밀한 타겟설정을 통해 시장을 확보한 후 확장해 나가야 한다. 멋진 스피커 제품을 만들었다면 TV를 보는 모든 사람에게 판매하는 것보다 음악 TV프로그램을 즐겨듣는 사람에게 판매하는 것이 더 효율적인 전략을 세울 수 있다는 뜻이다. 페이스북의 시작은 전 세계의 사람이 아닌 교내 학생들로부터 시작되었음을 잊지 말아야 한다.

나의 제품이 필요한 고객은 (_____)이다.

3. 어떻게 제품을 알릴 것인가?

제품을 만들고 나서 가장 신경써서 전략을 구상해야 하는 구간이 마케팅구간이다. 마케팅에도 다양한 분류가 나뉘는데, 이는 타겟고객에 따라 확연히 달라져야 한다. 20대가 타겟인 제품은 온라인마케팅, 그 중에서도 바이럴마케팅을 사용하는 것이 효율적이다. 실제로 우리가 했던 홍보마케팅 중 여행상품을 판매했던 적이 있었는데, 당시 여행상품은 남녀노소 할 것 없이 모두에게 판매하기 위해 기획되었던 제품이었지만 우리는 이것을 20대, 그 중에서도 대학생, 그 중에서도 배낭여행을 떠나려고 하는 학생들을 대상으로 다시 기획을 했다. 그들은 어디에 몰려있었을까? 당연하게도 인터넷 공간이었다. 우리는 검색노출 마케팅과 SNS 마케팅을 함께 진행함으로써 목표판매량보다 약 700% 높은 판매량을 올렸던 경험이 있다. 제품을 어떻

게 알릴 것인지의 전략에 대한 물음에 망설여진다면 아직 준비가 부족한 것이다.

4. 사업진행에 필요한 자금은 얼마인가?

사업계획서를 작성하는 시점에서 명확하게 지출계획을 세울 수 있어야 한다. 보통의 초기창업자가 사업을 계속 끌고 가지 못하는 이유는 예측하지 못한 지출을 감당하지 못해서이다. 제품의 개발비는 얼마인가? 개발에 투입되는 장비와 인력, 급여는 얼마인가? 그들의 세금은 얼마나 나오는가? 사무실의 임대료는? 전기료와 수도요금 등은 얼마나 나오는가? 제품이 개발되고 나서 마케팅비용은 매월 얼마씩 준비했는가? 판매직의 인센티브는? 내 생활비는 얼마나 필요한가? 등 이 모든 것에 대해 확실하게 답을 할 수 있어야 한다. 생각보다 많다고? 사업을 하다보면 생각지도 못한 지출들이 더 많아진다. 이것을 사업계획서에 면밀히 작성해야 한다.

5. 제품의 판매가격은 얼마인가?

고객이 구매할 제품의 최종 단가를 정했는가? 경쟁사들의 제품과 비교했을 때 가격적인 면에서 우위를 점할 수도 있고, 그렇지 않을 수도 있다. 하지만 중요한 것은 경쟁사의 제품과 비교했을 때 새로운 가치를 만들어 내는 것이 아닐까 싶다. 새로운 가치에 대해서 고객이 느끼는 적정가가 있을 것이다. 제품의 가격은 직접 고객과 만나가며

그 접점을 찾아야 한다. 특히 제품 가격은 훗날 회사의 손익분기점 전략에 중요한 역할을 하게 되니 신중을 기해야 한다.

6. 손익분기점을 넘는 시기는 언제인가?

사업계획서는 현명한 투자자들의 지갑을 열기 위한 포석이다. 현명한 투자자들은 자신들의 이익이 줄어드는 것을 용납하지 않는다. 따라서 사업을 운영하며 매출과 지출을 예측하고 계산해 봐야 한다. 1년 단위로 계산했을 때 손익분기점은 언제 넘는가? 3년 뒤? 1년 뒤? 아니면 6개월? 언제가 되었든 투자대비 수익이 나오는 그 시점을 명확히 알고 있어야 하는 것이 사업의 맥을 짚고 사업계획서를 작성하는데 도움이 될 것이다.

7. 사업계획서를 보게 되는 대상에게 원하는 것이 무엇인가?

가장 중요한 대목이다. 모든 사업계획서는 누군가에게 사업에 대한 설명을 하는 것이다. 투자유치를 위한다면 투자자가 될 것이고, 정부사업에 도전하는 것이라면 정부공무원이 될 것이다. 팀 빌딩을 하는 것이라면 예비팀원이 될 수도 있다. 모든 사업계획서는 목적이 분명해야 한다. 어떤 사업의 사업계획서는 그래서 한 가지가 될 수 없고, 목적에 따라 2가지, 3가지가 될 수 있다. 사업계획서를 쓰기 전에 목적을 명확히 정해야 한다는 것을 명심하길 바란다.

팀 빌딩을 하라

> 만약 누군가를 당신의 편으로 만들고 싶다면
> 먼저 당신이 그의 진정한 친구임을 확신시켜라.
> – 에이브러햄 링컨

사업가에게 가장 중요한 것 중 하나가 네트워크이다

자, 지금부터 사업의 가장 중요한 요소인 팀원을 구하는 단계이다. 물론 1인창업으로 사업을 시작한다면 한 단계 한 단계 밟아가면서 구하면 되겠지만 IT분야 창업이거나 전문기술이 필요한 창업의 경우 팀 빌딩은 필수이다. 내가 비즈니스 모델을 현실로 바꿀 기술이 없다면 그것을 가능하게 해줄 팀원을 찾아야 한다.

내가 첫 팀원을 구했던 것은 온라인마케팅 회사를 만들 때였다. 당시 나는 교육사업을 막 진행하던 풋내기 사업가였는데, 온라인마케팅사업이라는 비즈니스 모델이 번뜩이고 머리에 떠올랐던 날이 있었

다. 마치 이 기회를 놓치면 두고두고 후회할 것이라는 생각에 어떻게 이 사업을 시작할 수 있을까에 대한 고민에 빠져있던 시기였다. 그러던 중 한 명의 적임자가 머릿속에 떠올랐다.

사업을 잘하기 위해, 특히 영업을 잘하기 위해 영업교육을 받았던 적이 있었다. 당시 20대의 나이에 영업교육을 받는 사람은 드물었는데, 50여 명의 교육생 중 5명이 20대였다. 우리는 친해졌고, '청사진' 이라는 모임을 만들어 자주 커피도 마시며 사업에 대한 이야기를 나누며 고민을 털어 놓기도 했다. 교육을 받으면서 서로의 사업상황이나 궁금한 점을 서로 공유했고, 교육이 끝나고 나서도 종종 만나면서 근황을 주고받았는데, 그 멤버 중 한 명이 나의 첫 사업 파트너가 될 줄 누가 알았으랴. 나는 그녀에게 연락을 했다.

"이 대표, 요즘 사업 잘되가?"

"뭐 그럭저럭 하고 있지."

"아 그래? 내가 좋은 사업 아이디어가 떠올랐는데 들어볼래?"

우리는 그렇게 미팅을 했고, 팀이 되었다. 2015년 7월, 약 3개월간 우리는 어떤 매출도 일으키지 못했지만 2017년에는 30억원의 매출을 바라보고 있다. 함께하는 팀원은 2명에서 출발하여 30명을 넘기고 있다.

이처럼 평소에 네트워크를 잘 쌓아둔다면 생각하지 못했던 곳에서 멋진 파트너를 구할 수 있고, 서로 집중과 몰입을 한다면 혼자보다 더 큰 시너지효과를 낼 수 있다. 이렇듯 나의 첫 파트너는 교육장소

에서 만나게 된 지인이었다.

나만의 드림팀을 만들어라

사업가가 되고 싶다면 같은 고민과 생각을 하고 있는 사람들이 모이는 네트워킹 파티, 피칭데이, 데모데이, 교육모임, 세미나, 각종 모임 등의 공간을 찾아다녀야 한다. 팀원은 실력만으로 판단하는 것이 아니라 함께 거센 파도를 헤쳐 나갈 영혼의 파트너를 만나는 것이다. 따라서 쉽게 팀원을 만들려고 하지 말아야 한다. 또 기술적인 부재로 인해 급하게 팀원을 구해서도 안 된다. 결국 팀이 된다는 것은 한 배를 탄다는 것이고, 살아도 죽어도 함께한다는 마음가짐을 가져야 한다.

각종 모임에 많이 나감에도 불구하고 팀원을 구하는 것이 어려운가? 그렇다면 자신을 되돌아 보아야 한다. 팀원을 구하기 위해서는 나 자신이 매력적이고, 확신을 줄 수 있는 사람이 되는 것이 먼저이기 때문이다. 반대로 너무 많은 사람들이 팀원으로 합류하고 싶어하는가? 사람을 판단하는 것은 교만일 수 있지만, 코드가 맞는지 잘 확인하는 것이 중요하다. 이는 함께 지내온 세월과 시간이 머리를 대신하여 판단해 줄 것이다.

개인은 결코 팀을 이길 수 없다. 위대한 팀은 위대한 성과를 만들

어 내기 마련이다. 시작은 미약하더라도 뜻이 맞는 팀은 무언가를 터뜨린다. 우리는 3개월간 100원의 수익도 만들어 내지 못한 팀이었다. 하지만 그 3개월 동안 우리는 서로에게 더욱 힘이 되었고, 의지했으며 함께 꿈을 꾸었다. 같은 그림을 그리고 미래를 이야기하며 시간을 함께 보냈다. 동업이 깨지는 이유는 팀이 되어선 안 될 사람들끼리 맺은 잘못된 만남 때문이다.

어떤 인재를 찾아야 하는가?

나는 인재가 전부라고 생각하는 사람 중 한 명이다. 회사의 방향은 오너가 만들어가지만 결과는 모두가 만들어가기 때문이다. 그렇다면 어떤 인재를 찾아야 하는 걸까? 이 부분은 나의 개인적인 견해가 많이 들어가 있다. 하지만 이러한 내 의견은 철저히 실전을 통해 겪으며 만들어진 것이므로 큰 오차가 없을 것이라 생각한다.

내가 생각하는 인재는 어떤 목표를 성취하고자 하는 열정과 인성이 바른, 타인과 일하는 것에 흥미를 느끼고 기꺼이 헌신을 하는 사람이다. 이들은 함께 있으면 즐겁고 기분이 좋다. 이력서로는 이런 것들을 확인할 수 없다. 좋은 학력과 높은 스펙은 이를 나타낼 수 있는 지표가 되지 않는다(그렇다고 전혀 중요하지 않다는 것은 아니다). 그들은 긍정적이고 밝고 재치있다. 그리고 만났을 때 그 빛을 발하게 된다.

순간적으로 연기를 하는 것과 몸과 얼굴, 언어에서 배어나오는 것과는 다른 것이다.

나는 이런 사람을 인재라고 부르고, 항상 이러한 인재를 찾고 있다. 그리고 그런 인재들과 함께하는 데에서 즐거움을 느낀다. 지금 당장은 능력과 기술력이 중요하고, 실제로 그 부분이 필수일 수 있다. 하지만 나는 순간 반짝이는 팀을 구성하는 데에는 관심이 없다. 즐겁고 재미있게 일하는, 하지만 실력이 상승하는 팀을 원한다. 그들은 서로 일을 미루는 법이 없고, 잘못을 남에게 떠넘기지 않는다. 문제를 외부에서 찾으려 하지 않고 내면에서 찾으려고 애를 쓴다. 이런 인재가 있냐고? 분명 있다!

어떻게 팀을 운영할 것인가?

팀의 운영방식은 다양해야 한다. 그리고 나의 경우는 그 다양한 방법 중에서 '자유'를 추구하는 편이다. 물론 자유는 무조건적인 자유가 아니다. 자주적으로 행동하지 못하는 자에게 자유를 주면 난감한 상황이 오기 때문이다.

인재는 맡은 임무에 맞게 성장을 한다. 그리고 그 성장을 이끌 수 있는 것은 어떤 임무를 주느냐에 따라 달렸다. 원하는 답을 가지고 있는 상태에서 그것을 하라고 시키는 것은 성장에 한계를 줄 수 있

다. 따라서 원하는 답을 주는 것이 아니라 질문을 하는 것에서 성장
은 시작된다. 내가 운영하는 마케팅회사의 첫 시작은 '광고주를 10
명 만들어 보자!'가 아니었다. '어떻게 하면 시장에서 선택받는 마케
팅회사가 될까?'에서 시작했다. 그리고 그것을 인재에게 방임이 아닌
위임을 했다. 역시나 인재는 큰 임무를 맡을수록 잠재력을 폭발적으
로 발현한다. 그리고 그것에 대한 막중한 책임을 느끼고 어떻게 해서
든 현실로 만들어 낸다. 이런 인재를 어떻게 발견하냐고? 제대로 된
판을 짜놓으면 인재들을 발견할 수 있다. 다만 쉽게 발견되지 않을
뿐이다.

Tip

좋은 • 팀원을 • 찾기 • 위해 • 해야 • 할 • 일들

1. 낯선 사람과의 대화

동료들을 찾기 위해서는 다가가는 것에 대한 두려움을 없애야 한다. 나를 비롯한 대부분의 사람들은 처음 보는 상대에게 말을 거는 것에 두려움을 느끼는데, 이는 사업가가 동료를 구할 때 상당한 아킬레스로 작용한다. 물론 자본이 있다면 이야기는 달라지겠지만 나는 돈이 없었고, 뜻이 맞는 동료가 필요한 상황이었다. 그러나 그런 동료가 내 눈앞에 있다고 한들, 말조차 걸지 못하면 어떻게 인연이 이어지겠는가.

내가 했던 연습방법은 길가는 사람에게 말을 걸어 보는 것이었다. 지금 생각해도 손에 땀이 난다. 그만큼 나에겐 고된 일이었고, 불편한 행동이었지만 필요했다. 낯선 이에게 그냥 다가가서 '날씨가 좋네요' '출근하시나요' '점심은 드셨나요' 등 정말 말을 거는 것을 목적으로 한 대화들이었다. 하지만 결과는 놀라웠다. 어느새 나는 낯선 사람에게 말거는 것에 대한 두려움이 없어져 있었다. 지금은 언제 어디서든 낯선 사람과 대화하는 것이 자연스러워졌다. 처음은 누구나 힘들다. 다만, 익숙해지도록 몸으로 익히는 것이 가장 빠른 길이다.

2. 1분 사업설명

사람들은 아무에게나 기회를 주지 않는다. 팀원은 대표의 역량과 열정을, 그리고 사업의 비전을 보고 움직인다. 비즈니스 모델이 명확하게 나와 있다면 이를 아주 간략하게 설명할 수 있도록 준비해야 한다. 시간은 언제나 한정되어 있기에 효율적으로 사용해야 한다. 그렇기에 '1분 사업설명'은 굉장히 중요한데, 이를 가리켜 엘리베이터 피치라고 부르기도 한다. 엘리베이터에 타고나서 내리기 전까지 스피치를 완료한다는 이야기다. 앞으로 다양한 사람들을 만나게 될 것이다. 그들에게 1분 사업설명을 하라. 물론 그 이야기를 듣는 사람이 들어야 할 가치가 있다면 말이다.

3. 네트워킹 파티

낯선 사람과의 대화도 익숙해졌고, 1분 사업설명도 열심히 연습했는가? 그렇다면 때가 되었다. 스타트업에 관심있는 다양한 네트워킹 파티들이 있다. 카카오톡 오픈톡방이나 페이스북 그룹, 소모임, 네이버 카페, 온오프믹스 등 여러 채널에 다양한 파티의 정보가 있다. 그 대상은 대부분 스타트업 희망자들을 위한 파티들이다. 대표를 하고 싶은 사람부터 시작해서 개발자, 디자이너, 기획자 등 다양한 분야의 사람들이 모이게 된다.

사업을 진행하기 위해서 필요한 팀원이 누구인가? 파티에 온 다양한 사람들과 대화를 하면서 마음에 맞는 팀원을 찾아보자!

2장

미친 듯이
실행하라

고객이 원하는 제품을 만들어라

작은 변화가 일어날 때
진정한 삶을 살게 된다.
— 레프 톨스토이

고객의 니즈를 반영한 시제품을 만들어 구매의향을 확인하는 것이 중요하다

사업은 상상만 하던 아이디어를 현실로 만들어 낼 때 비로소 세상에서 인정받게 된다. 비즈니스 모델을 만들어 내고, 사업계획서도 썼고, 팀 빌딩도 마쳤는가? 그럼 이제 실전의 시간이 다가온 것이다. 번뜩이는 아이디어로 시작했던 비즈니스 모델을 현실로 바꾸는 일이다. 어떤 아이디어가 현실이 될 때에는 반드시 과정이 필요한데, 그 과정마다 전문지식과 기술을 필요로 한다. 따라서 전문지식과 기술

을 가지고 있는 팀원들과 함께 아이디어를 현실화하는데 집중하라. 다만 이때는 수익은 없고 열정만 있을 뿐이다.

첫 목표는 시제품(프로토타입)을 만드는 것에 두어야 한다. 고객이 구매할 의향이 생길 수 있는 제품의 최소조건을 정리하고 그것에 부합하는 시제품을 만드는 것이다. 이때는 기대하는 것만큼의 결과를 얻기 힘들다. 다만, 여기에서 반드시 해야 할 것은 시장의 반응을 실시간으로 체크해서 정식 제품을 런칭하기 전까지 다듬고 다듬고 또 다듬는 것이다. 이때 다듬는 과정에서 반드시 확인해야 할 것이 두 가지 있다.

첫째, 고객이 제품을 사용하며 가치를 얻는가?

둘째, 고객이 제품을 지속적으로 구매할 수 있도록 하여 수익구조를 만들 수 있는가?

정식제품이 아닌 시제품이지만 고객의 마음을 얻는 것에는 다를 게 없다. 물론 그 완성도에 차이는 있겠지만 핵심가치를 전달하고자 하는 마음이 고스란히 고객에게 전달되어야 한다. 게다가 모든 사업이 그렇겠지만 심플해야 한다. 고객이 제품을 보고 혼란스럽지 않도록 명확한 가치를 전달해야 함을 잊으면 안 된다.

유형의 제품과 무형의 제품, 어떤 것이든 시제품이 필요하고, 그 단계에서 타겟고객들에게 검증을 받는 작업을 진행해야 한다. 그리고 고객이 긍정적인 의사표현을 한다면 더 나아가 정식제품이 나왔을

때 구매하겠다는 구매의향서까지 받아보도록 하자. 이렇게 되면 시제품의 과정을 잘 해결한 것이다.

핵심기능을 갖춘 시제품을 만들기 위해서는
의사소통이 가장 중요하다

시제품(프로토타입)을 만들기 위해 가장 필요한 것은 무엇일까? 기술력? 팀원? 모두 맞지만 가장 중요한 것은 의사소통이다. 리더는 자신이 그린 그림을 상세하고 면밀히 팀원들과 공유할 수 있어야 한다. 이는 한 번 이야기하고 하루에 한 번씩 확인하는 것과는 다르다. 실시간으로 의사소통을 해야 하며, 팀원들이 각자 맡은 역할에서 방향을 제대로 잡을 수 있도록 해야 한다. 그리고 그들이 가지고 있는 의견은 어떤 것인지, 시제품을 만들기 위해 더 좋은 방법이 있을 수 있는지 등 거리낌 없이 소통할 수 있는 소통의 장이 있어야 한다.

기술력도 중요하다. 하지만 좋은 기술력이 있다고 해서 좋은 제품이 나오는 것은 아니다. 정말 좋은 제품은 그것을 만들어가는 팀의 커뮤니케이션에 달려있다고 해도 과언이 아니다. 이것은 팀원끼리만의 이야기가 아니다. 주변에 실시간으로 피드백을 전달해 주는 수많은 가망고객들과도 계속 되어야 한다. 제품이 만들어졌을 때 실제 이

용할 고객들과 실시간으로 소통하며 제품 개발을 해야 한다는 것이다.

조용한 방은 평범한 결과를 만들어 낸다. 각자의 의견을 피력하는 데 망설임이 있으면 안 된다. 기꺼이 그렇게 할 수 있는 장을 만들어 주어야 비로소 좋은 제품이 만들어지는 것이다. 만약 사장병에 걸려서 자신의 의견에 반하는 의견이 나온다고 묵살하거나 망신을 준다면 결과물은 뻔하다. 아니 결과물뿐만 아니라 인재는 더 좋은 곳을 향해 떠나버릴 것이다.

> **Tip**

소통을•통한•사업•아이디어•구축사례

1. 에어비앤비

세계적인 숙박플랫폼으로 성장한 에어비앤비의 첫 출발은 단순한 월세벌이용 아이디어 제품이었다. 그들은 사용하던 사무실의 빈 공간에서 에어베드와 아침식사를 제공하는 것으로 사무실 임대비용을 조금이라도 나누고자 에이비앤비 아이디어를 고안했다. 그리고 결국 그들이 준비하던 웹서비스는 중단되었고, 고객 니즈가 있던 에어베드와 아침식사 서비스가 메인 제품이 되었다. 그들은 단순한 아이디어에서 출발했지만 지금은 전 세계에 숙박 서비스를 전파하고 있다.

2. 나이키

나이키의 공동창업자 필 나이트는 석사논문을 통해 가성비 좋은 일본의 운동화가 미국시장에서 새로운 바람을 일으킬 수 있다고 했다. 그는 사업 아이디어로 이를 실행에 옮겼고, 오니츠카사의 운동화를 구매하여 분해하는 과정을 거쳐 시제품을 만들어 냈다. 그 후 육상선수들에게 성능테스트를 진행하며 제품의 성능을 보완해 나갔다. 그 결과 마침내 나이키의 전신인 블루리본스포츠의 본격적인 사업이

시작되었다. 판매 첫 해에만 8,000만 달러의 수익을 냈고, 지금은 글로벌 브랜드가 되었다.

3. 스타벅스

스타벅스의 3명의 공동창업자는 당시 자신들이 선호하던 커피의 원두(아라비카원두)가 북미지역에 판매되지 않는다는 불편함을 공통적으로 느꼈다. 의기투합한 이들은 직접 커피집을 운영하기로 하고, 아라비카원두 제조업체와 직접 연락을 취했다. 이렇게 직접 사들인 아라비카원두를 로스팅하여 팩에 담아 파는 것을 시작했고, 고객들은 이 서비스에 무한한 감동을 느꼈다. 그리고 이들의 스타벅스 커피는 전 세계적으로 팔리고 있다.

4. 미핑캠퍼스

첫 제품인 교육프로그램을 만들 때 길거리 강의를 하면서 시장의 니즈를 파악하고 다녔다. 당시 길거리 강의를 하면서 사람들의 반응을 체크하며 프로그램을 가다듬었고, 이후에는 강의플랫폼에 직접 강의를 올리며 무료강의로 고객들과 소통하는 시간을 가졌다. 그리고 매 강의마다 후기를 통해 피드백을 받았고, 그에 따라 교육프로그램은 점차 완성되어 갔다. 시제품을 시장에서 확인하는 작업은 필요요소가 아니라 필수요소인 셈이다. 현재는 온라인 창업교육프로그램으로 매일 신규 수강생이 입학하고 있다.

5. 미핑기획

첫 제품은 블로그 관리였다. 미핑기획의 시제품은 우리 회사가 키우는 자체 블로그였고, 성공적인 결과를 낼 수 있어야 했다. 블로그 내에서 여러 가지 시도를 해보고 시장의 반응을 살피면서 다양한 테스트를 할 수 있었는데, 기억에 남는 테스트 중 한 가지는 고객참여 프로젝트였다. 그것이 성공한다면 우리는 타 경쟁사들과는 다른 차별화된 제품을 가지고 갈 수 있다고 판단했고, 몇 번의 시행착오 끝에 결국 답을 찾게 되었다. 이제 미핑기획의 서비스는 온라인마케팅을 넘어서 광고·행사·영상까지 진출하며, 50여 개가 넘는 광고를 진행하고 있다.

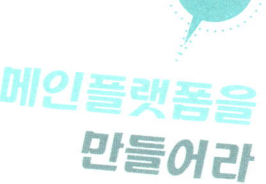

메인플랫폼을 만들어라

만약 당신이 단순하면
이 세상도 당신을 단순하게 대할 것이다.
– 마윈

고객의 편의를 먼저 생각하라

제품을 만들었다면 이제는 고객이 우리 제품을 만나게 될 메인플랫폼을 만들 차례다. 사업을 할 때 우리는 고객이 우리를 찾게 되는 동선과 반대의 순서로 현실화를 시작한다. 초밥집을 운영하고 싶은가? 사업가는 어떤 초밥을 만들지를 처음부터 고민하지만 고객은 맨 마지막에 초밥을 입에 넣는다. 의류쇼핑몰을 운영하고 싶은가? 사업가는 어떤 의류를 준비해야 할지 고민하는 것이 먼저지만 고객은 가장 마지막에 옷을 입는다. 결국 고객의 동선과는 반대로 준비해야 하는 것이다. 예를 들어 이색 커피가게를 운영한다고 가정해 보자.

216 : PART 3 나만의 새로운 섬을 만들어라

'고객이 주말에 여자친구와 데이트를 하기로 했다. 무엇을 할까 고민 중 SNS에서 이색 카페 영상을 보게 된다. 여자친구와 가기에 딱 맞는 아주 좋은 데이트 장소이다. 고객은 SNS에서 봤던 그 카페 이름을 기억하고 있다가 검색포털에서 검색을 한다. 그리고 카페를 미리 다녀온 사람들의 체험후기를 먼저 살펴본다. '재미있겠는데? 카페 위치는 어디지?' 찾다가 이색 카페 사이트를 클릭한다. 클릭하니 장소부터 시작해 즐길 수 있는 콘텐츠가 상당히 많다. 여자친구와 가면 시간가는 줄 모르게 놀고 칭찬까지 받을 것 같다. '어떻게 예약해야 하지?' 예약하기 버튼이 마침내 보인다. 예약하기 버튼을 누르고 예약자 이름과 전화번호, 예약날짜와 시간을 적는다. 휴대폰으로 미리 결제를 하고 예약완료 문자를 받게 된다. 여자친구가 기뻐할 모습에 벌써부터 기분이 좋다.'

이것이 고객의 동선이다. 여기서 메인플랫폼의 역할은 바로 사이트를 클릭하는 순간부터 시작된다. 메인플랫폼을 클릭하기 전까지는 마케팅의 영역이다. 이처럼 메인플랫폼을 클릭하면서부터 일어나는 상황을 잘 기억하고 역추적하며 사이트를 개설하도록 하자.

이를 다르게 말하면 고객의 동선을 미리 예상하고 결정하게 만드는 것이다. 선택설계를 하는 넛지효과라는 것이다. 강요에 의하지 않고 자연스럽게 선택을 이끄는 힘은 생각보다 큰 효과를 지니게 된다. 고객이 스스로 선택한 듯한 느낌이 들도록 우리 서비스를 설계하는 것이 포인트다.

그리고 그 넛지효과를 메인플랫폼, 즉 홈페이지·카페·어플리케이션 등에 표현하여 고객이 구매에 이르기까지 스스로 결정하도록 하는 동선을 만드는 것이 필요하다.

창업교육회사의 메인플랫폼인 커뮤니티 카페를 만들 때에는 고객이 스스로 선택하게끔 유도하기 위해 많은 고민을 했다. 특히 이때 가장 많은 고민을 했던 것이 고객의 입장에서 생각하는 것이었다. 메인플랫폼에 대한 이해가 부족한 경우 제품 설명만 늘어놓게 되는데, 그렇게 되면 홈페이지 이탈률이 늘어나게 된다. 따라서 메인플랫폼에 고객이 방문했을 때 고객의 마음을 흔들 수 있는 매력적인 장치들을 마련해야 한다.

'고객에게 어떤 혜택을 주어서 우리 카페에 방문하게 할 것인가?'

그렇다. 우리의 제품을 아무리 제시해 봤자 고객들은 관심이 없다. 관심이 생기게끔 그들에게 무언가를 주는 것이 필요했다. 가장 강력한 혜택은 무료콘텐츠였다.

'어떻게 하면 교육에 관심이 생기게 할 수 있을까?'

이때 선택한 것이 바로 무료책자였다. 창업에 대한 노하우가 담겨있는 소책자를 타겟고객들에게 무료로 배포하는 것이 비장의 무기였다.

그렇다면 무료콘텐츠 다음, 바로 정식제품으로 가는가? 그것은 비즈니스 모델에 따라 달라져야 하지만 보통 체험콘텐츠가 위치하게 마련이다. 나의 교육사업에는 정식제품 구매 전에 1:1 컨설팅 후 미

션이라는 체험제품이 존재했다. 정식제품을 구매하기 전에 컨설팅과 미션을 통해 미리 제품을 평가할 수 있도록 한 것이다. 그렇다. 무료 콘텐츠로 마음을 열고 니즈가 생기면 뒤 체험까지 선택할 수 있는 장치를 마련했던 것이었다.

고객은 무료콘텐츠를 만나고, 제품에 대한 니즈가 생겨서 1:1 컨설팅이라는 체험까지 스스로 결정하게끔 설계된 우리의 메인플랫폼에서 결제를 하게 될 것이었다. 무료콘텐츠와 컨설팅을 통해 정식제품 구매가 이어지게 연결시키면 된다.

그리고 가장 중요한 것이 남아 있다. 바로 정식제품의 구매후기이다. 처음에 고객이 없을 때에는 후기가 있을 리 없다. 그럼 어떻게 구매후기를 받을 것인가? 바로 무료로 서비스를 이용하게 하고, 그 대가로 구매후기를 받아내는 것이다. 꿀을 만들어서 판매하는 사업이라면 꿀을 고객에게 그냥 주어라. 휴대폰 케이스를 개발하는 업체라면 휴대폰 케이스를 고객에게 무료로 제공하고 충분한 구매후기를 만들어라. 교육사업을 하고 있다면 실제 교육을 받고 성과가 난 수강생들의 후기가 있어야 한다. 이때의 포인트는 제품이 검증되기 전에 무료로 고객에게 제공한 후 긍정적인 구매후기를 얻는 것이다. 이렇게 해서 생긴 충분히 많은 구매후기는 구매를 망설이는 고객에게 신뢰도와 안정감을 주게 된다.

미친 듯이 실행하라 **219**

메인플랫폼 오픈 전 베타테스터를 통해 고객을 모아라

모든 준비가 끝나면 실제 타겟고객들을 대상으로 메인플랫폼을 공개해 보자. 메인플랫폼을 본격적으로 오픈하는 것이 아니라 베타테스터 느낌으로 초대해 보는 것이다. 그리고 이때 고객들에게 솔직한 리뷰를 받아내야 한다. 그들이 만약 무료콘텐츠에 관심을 보인다면 반은 성공하고 시작하는 것이다. 당시에 만들었던 무료콘텐츠 책자의 이름은 〈모르면 당할 수밖에 없는 창업시크릿〉이었는데, 1,200명이 넘는 고객들이 신청하는 무료콘텐츠가 되었다.

이러한 메인플랫폼이 존재하지 않는다면 새로운 제품을 만들 때마다 그때그때 고객을 찾아 헤매는 사업시스템이 될 수밖에 없다. 잘 만들어진 메인플랫폼이 있다면 고객에게서 연락이 계속 올 것이고, 메인플랫폼이 없다면 고객을 모으기 위해 각종 마케팅에 의지한 채 사업을 이어나가게 될 것이다.

여기까지 메인플랫폼의 구축을 마쳤으면 이제는 고객들을 메인플랫폼으로 초대하는 일만 남았다.

Tip

메인플랫폼 • 구축프로세스

1. 메인플랫폼 채널 정하기

먼저 웹사이트와 커뮤니티 카페, 어플 등 비즈니스 모델에 맞는 메인플랫폼을 설정해야 한다. 웹사이트의 경우는 직관적이고 가격대가 높지 않은 제품이 잘 맞는다. 어떻게 꾸미는지에 따라 고객의 신뢰도가 짧은 시간 내에 결정되기 때문이다. 커뮤니티 카페는 비교적 고가의 제품을 판매하는 것이 가능하다. 회원들과의 충분한 교류와 소통이 가능하고, 문제를 해결하거나 상담·코칭 등 다양한 교류가 필요하다면 추천을 하는 곳이기 때문이다. 어플은 모바일 서비스에 탁월한 플랫폼으로, 게임·연결플랫폼의 경우에 좋은 효율을 보인다.

이처럼 비즈니스 모델에 따라 어떤 플랫폼을 선택하는지가 결정되기 때문에 사전에 충분히 고민을 해야 하고, 이때 '어떤 플랫폼에서 제품을 경험할 때 가장 효과적인가?'의 고민은 고객의 입장에서 출발해야 한다.

2. 구매프로세스 세팅

타겟고객이 메인플랫폼에 방문한 시점부터 제품을 구매하기까지

의 모든 과정을 기획하고 세팅해야 한다. '고객이 처음 메인플랫폼에 온다면 무엇을 보여줄 것인가' '어떤 것을 가장 먼저 보여주고 싶은 가'를 거듭 생각하면서 기획해야 한다. 제품 사용후기를 보여주면서 시작해도 되고, 무료콘텐츠를 보여주면서 시작해도 된다. 다만 시작을 기점으로 구매까지의 매끄러운 연결을 생각하며 기획을 하자.

참고로 미핑캠퍼스(커뮤니티 카페)의 구매프로세스는 방문 → 가입 → 고객후기 → 무료책자 → 무료미션 → 무료영상 → 제품구매 순서로 이어진다. 미핑기획(웹사이트)은 방문 → 고객후기 → 상담문의 → 제품구매의 순서이다.

이렇듯 정해진 정답은 없기 때문에 고객이 느끼기에 가장 매끄러운 동선을 찾아서 적용해야 한다. 물론 첫 시도부터 최적의 동선은 만들어지지 않는다. 이는 매출 등 통계를 체크하면서 수시로 바꿀 수 있어야 한다.

3. 디자인

웹사이트 등은 구매프로세스를 고객이 잘 따라올 수 있도록 디자인해야 한다. 디자인을 만드는 것이 첫 번째, 이것을 적용하는 것이 두 번째이다. 전문성이 필요한 부분이니 창업자가 하지 못하면 팀원 내에서, 혹은 외주를 맡겨야 한다. 디자인은 고객이 회사를 바라보는 얼굴과 같으니 너무 비전문적인 디자인보다는 비즈니스 모델에 맞는 디자인이 나오도록 신경을 써야 한다. 미흡한 디자인은 고객의 구매

의사에 영향을 미칠 수 있다는 것도 참고하자.

4. 테스트

디자인까지 깔끔하게 마무리되었다면 테스트를 진행하여 실제로 동선이 잘 짜여져 있는지를 평가해 보아야 한다. 지인들을 통해 자신의 메인플랫폼을 소개해 보자. 그리고 그들의 솔직한 평가를 통해 수정·보완작업에 들어간다면 더욱 더 좋은 메인플랫폼이 완성될 것이다. 그리고 이 모든 것은 온라인에 국한된 것이 아니라 오프라인에서도 적용된다는 점을 알아두자.

03

마케팅 전략을 세우고 실행하라

궁하면 변해야 하고
변하면 통하나니
통하게 되면 오래갈 수 있다.

– 주역 中

진정성 있는 마케팅이 핵심이다

메인플랫폼이 완성되면 이제부터는 고객들이 메인플랫폼을 발견할 수 있도록 마케팅하는 일이 남았다. 사실 마케팅은 사업의 핵심이라고 과감하게 이야기할 수 있다. 특히 스타트업, 1인기업, 소상공인 등의 경우는 그 중요성이 더욱 증가한다. 아마 대부분의 사업은 이 마케팅의 벽을 넘지 못하고 중도하차하는 경우가 많을 것이다. 세상에 좋은 제품, 좋은 비즈니스 모델, 좋은 서비스는 넘쳐난다. 다만, 그 좋은 아이디어들이 필요한 고객에게 도달하기 전에 자금이 바닥나버리는 현상이 찾아올 뿐이다.

이때 반드시 알고 넘어가야 할 것이 있다. 마케팅에 무조건 거대자금이 들어가는 것은 아니라는 점이다. 나는 모든 사업의 초기 마케팅에 돈을 들이지 않았다. 언제나 초기사업의 목표는 고객 100명을 모집하는 것에 두었기 때문이다. 하지만 주변에서는 100명을 모집하는 것도 돈이 없다며 마케팅을 하지 못해 모으지 못한다는 변명을 많이 한다. 단연코 이야기하는데 고객 100명을 모으지 못하는 것은 의지의 문제이다. 마케팅도 그렇다. 결국 마케팅 역시 의지의 문제이다.

결론부터 말하자면 마케팅은 진정성 있게 다가가는 것이 핵심이다. 어정쩡한 과대광고와 허위광고는 고객에게 안 좋은 기억을 남길 수 있다. 있는 그대로 필요한 고객에게 진정성 있게 다가가는 것 그리고 그들과 지속적으로 소통하는 것, 이 두 가지만 잘하면 초기 사업을 알리는 데에는 충분하다. 물론 마케팅이론과 더불어 각 채널에 대한 이해도는 공부를 해야겠지만 말이다.

여기에서는 초기 스타트업, 소상공인들이 할 수 있는 몇몇 마케팅을 이야기하고자 한다.

커뮤니티 마케팅

커뮤니티 마케팅은 타겟고객들이 활발히 활동하는 커뮤니티를 찾아 그들에게 정보를 주는 것이다. 한국의 시장을 예로 들면 네이버

인기카페, 다음 인기카페, 활발한 유머커뮤니티, 카카오톡 단체채팅, 밴드, 페이스북 그룹 등이 그런 곳이다. 이곳은 대한민국의 온라인 세대들이 몰려있는 곳으로, 하루에도 수만 건의 게시글이 발행되고 수천만 번의 트래픽이 발생하는 곳이다.

만약 여성 원피스를 판매하는 의류쇼핑몰사업을 한다고 가정해 보자. 메인플랫폼을 멋지게 꾸몄고, 고객동선을 잘 세팅해 놓았다면 고객방문을 늘리기만 하면 된다. 그럼 가장 손쉽게 할 수 있는 마케팅은 여성 원피스를 구매할 잠재고객이 몰려있는 커뮤니티에 홍보를 하는 것이다. 예를 들면 네이버 대표카페 중 파우더룸의 쇼핑 카테고리에 글을 올리는 것이다. 그럼 순식간에 트래픽이 200건 정도는 발생한다. 200건 중 메인플랫폼에 10%만 방문한다면 20명의 잠재고객이 메인플랫폼에 방문하는 것이다.

물론 제목을 매력적으로 쓴다면 200건의 트래픽이 아니라 5,000건도 가능할 것이다. 그리고 10%의 전환율은 어떻게 본문을 작성하느냐에 따라 20%로 올라갈 수 있는 숫자이다. 즉, 어떻게 글을 작성하느냐에 따라 이 수치는 변화한다.

누군가는 여기까지 이야기하면 어떻게 글을 써야 하는지 방법론이 궁금할 수 있다. 실망스럽겠지만 정답은 없다. 전문가들도 항상 고객의 반응을 폭발시키는 것이 아니다. 살아 숨쉬는 시장에서 끊임없이 노력할 뿐이다. 다만, 한 가지 잘 터졌던 제목을 공유하면 이런 느낌의 제목이었다.

'내일까지 니트 세일하네요. ㅎ 장당 8,900원이라 가성비 좋은 듯
해요!'

이런 정보성과 명확한 가격 제시, 그리고 한정적인 요소를 제목에
가미시킨다면 상대적으로 좋은 결과를 이끌어 낼 수 있을 것이다.

검색마케팅

두 번째는 검색마케팅이다. 대한민국의 검색시장은 네이버가 월등
히 높은 트래픽을 가지고 있다. 즉, 네이버에서 검색이 되느냐 마느냐
에 따라 고객들의 유입 수가 정해진다는 것이다. 사실 네이버의 검색
엔진은 구글의 검색엔진과는 달라서 상위노출에 대한 로직을 이해하
고 있어야 한다.

먼저 최적화의 개념인데, 한 번쯤은 들어봤을 듯하다. 블로그와 카
페, 그리고 포스트, 지식인 등 네이버가 성장하는데 중요한 역할을 했
던 채널들이다. 초기 스타트업은 이 네이버시장에서 무릎을 꿇기 시
작한다. 아무리 글을 써도 검색노출이 안 되는 것이다. 메인플랫폼에
고객을 유입시키려면 검색노출이 되어야 하는데 도무지 안 되는 것이
다. 그렇다고 마케팅회사에 대행을 맡기자니 비용이 만만치 않다.
이것이 네이버 플랫폼의 딜레마다.

결론부터 말하자면 현재 블로그는 C랭크 시스템의 도입으로 특정

분야의 전문적인 글을 꾸준히 올리고 이웃들과 소통한다면 노출이 되는 구조다. 즉, 과거 마케팅회사들이 난무했던 최적화 블로그와는 다른 개념으로 바뀌어 가고 있는 실정이라는 것이다. 그러니 진행 중인 사업과 관련된 주제의 글을 꾸준히 쓰다 보면 노출이 될 수 있는 기본이 된 것이다. 물론 어디까지나 네이버의 공식적인 발표에 의하면 말이다. 여기에 대해서는 우리도 10개의 블로그를 키우면 3개 정도의 블로그만 노출되기 때문에 정복한 상황은 아니다. 결국 꾸준하게 하나의 주제로 키우는 블로그보다 노출도가 떨어지는 현상이 발생하게 된다.

블로그는 이런 상황이지만 카페나 지식인, 포스트는 꾸준히 쓰면 언젠가 상위노출이 될 수 있다. 카페활동을 많이 한 카페 아이디는 카페 탭에서 검색상위를 잡게 되고, 지식인은 내공을 많이 받고 레벨업을 하게 되면 상위노출이 된다. 물론 편법이 존재하기는 하지만 추천하지는 않는다. 정공법으로 가는 것이 가장 최선이기 때문이다. 포스트는 보통 2주 정도만 꾸준히 포스팅을 진행하면 노출이 되기도 한다. 결국 꾸준히, 반복적으로 검색시장에서 활동하는 것이 필요하다는 이야기다.

물론 검색시장에서 돈을 쓰는 방법이 있기는 하다. 네이버 검색광고를 통해 파워링크 광고를 집행하는 것인데, 아무래도 초기사업자들에게는 자금 부담이 될 것이다. 그래도 전환율이 좋은 편이니 메인 키워드보다 서브 키워드로 진행해 보면 큰 비용을 들이지 않고도 고

객들을 유입시킬 수 있다.

메인 키워드와 서브 키워드의 차이는 검색량이나 경쟁률, 클릭당 비용 등으로 나뉜다. 단편적으로 예를 들면 '비즈니스센터'는 메인 키워드지만 '고급 비즈니스센터'는 서브 키워드다. 이처럼 메인 키워드에 특정 단어를 조합하는 것 등으로 서브 키워드를 찾을 수 있다. 이렇게 초기 스타트업은 메인 키워드보다 서브 키워드에 초반집중을 하는 것이 좋은 전략이다. 똑같은 100만원을 투자하더라도 제대로 된 서브 키워드를 잘 잡는다면 효율 자체가 180도 바뀌게 되니 가급적 서브 키워드를 잡기 바란다.

SNS 마케팅

요즘 가장 핫한 채널들이 모여있는 곳이다. 페이스북, 인스타그램 등이 대표적이다. 이들 채널은 정보성 글과 사진이 섞인 카드뉴스 콘텐츠와 영상이 주류를 이룬다. 그리고 그 콘텐츠에 타겟을 설정하여 적은 비용으로 고효율의 트래픽을 발생시킬 수 있는 장점이 있다.

이 시장에서 잘 활용해야 할 것은 큐레이션이라는 개념인데, 바로 정보를 모아놓고 고객에게 알려주듯이 이야기하는 것을 뜻한다. 패션업계라면 '소개팅 맞춤 코디 5가지' 같은 정보를 모아놓은 카드뉴스를 발행하는 것으로 고객들의 반응을 이끌어 낼 수 있다. 그리고

해당 콘텐츠를 소비하는 고객들이 메인플랫폼에 들어올 수 있게끔 글 속에 홈페이지의 존재를 알리는 것이 적절하게 필요하다.

게다가 이 시장은 오직 콘텐츠의 퀄리티로 승부를 할 수 있다. 물론 이미 규모가 커져있는 메인 채널들의 반응을 당장 따라가기는 힘들겠지만, 잠재고객들이 좋아하는 콘텐츠를 올린다면 순식간에 퍼져나갈 수 있는 공간이기도 하다. 그래서 SNS 시장은 매우 매력적이다. 구독자가 100명밖에 안 되는 채널이라도 하루아침에 10만명에게 알려질 수 있으니 얼마나 좋은 마케팅 채널인가?

여기서 가장 중요한 것은 자신의 제품을 필요로 하는 잠재고객이 좋아할 만한 콘텐츠를 만드는 것이다. 처음에는 어렵겠지만 '좋아요'를 1개, 10개, 100개씩 늘려가는 재미가 있을 것이다.

이러한 세 가지 온라인마케팅 채널만 하더라도 시작하는데 돈이 들지 않는다. 스타트업이라면 시간과 노력만으로 고객 100명을 모을 수 있는 마케팅채널을 활용하고 연구하기 바란다. 집중하고 몰입한다면 메인플랫폼의 트래픽은 점점 증가할 것이고, 제품을 구매하는 고객이 나타날 것이다. 그리고 그 첫 고객이 구매를 했을 때의 기쁨을 가슴 깊이 간직하기 바란다.

> **Tip**

마케팅의 • 3가지 • 본질

1. 지속성

마케팅은 지속적으로 꾸준히 해야 한다. 제품이 나오고 나서 반짝하는 것이 아니라 꾸준하게 회사가 존재하는 그날까지 계속해야 하는 것이다. 고객들이 제품을 스스로 찾아서 구매하기까지 걸리는 시간은 너무나 오래 걸린다. 그리고 영광스럽게 그때가 오더라도 마케팅은 평소에 꾸준하게 해야 한다. 현존하는 기업들은 모두 다 그렇게 하고 있다. 조금 더 현실감 있게 이야기하자면, 돈을 버는 기업들은 모두 다 마케팅을 멈추지 않는다. 매출이 많든 적든 꾸준히 마케팅에 투자하는 것이다. 그래야 고객은 우리의 브랜드를 조금씩이라도 보게 될 것이고, 두 번 세 번 보게 된다면 기억하게 될지도 모른다. 물론 구매까지 연결되는 것이 가장 좋은 상황이 되겠지만 말이다.

2. 소통과 공감

일방향적인 전달의 시대는 저물고 있다. 소통과 공감이 필수인 시대가 왔고, 마케팅도 그렇다. 개인 인터넷방송들이 늘어나면서 일반인들이 연예인보다 더 큰 영향력을 발휘하기도 한다. 영화배우보다

유튜버나 인터넷방송 BJ를 더 선호하는 사람들도 늘고 있다. 이는 기술이 발달하고 사회문화가 변화됨에 따라 발생되고 있는 자연스러운 현상이다. 그렇게 SNS는 마케팅 분야에 큰 축으로 자리잡게 되었고, 이는 과거의 일방향적인 전달을 해온 기업들에게는 긴장이 필요한 분야가 되고 있다.

마케팅은 기본적으로 고객과 소통하고 공감하는 것에서 시작한다. 이를 하지 못하면 고객들은 제품의 가치를 느끼기도 전에 발길을 돌릴 것이다. 따라서 타겟고객들의 말투, 언어, 습관, 체험, 문화를 가장 잘 알아야 하는 것이 바로 사업가인 것이다. 20대에게 판매하는 상품인데, 현수막에 집중하고 있다면 소통과 공감이 필요한 시점이다.

3. 머니게임

마케팅은 투자다. 투자한 만큼 되돌아오는 것이 마케팅이다. 큰 매출을 목표로 하는 회사는 그만큼 마케팅 예산도 크게 잡는다. 이유가 무엇일까? 마케팅은 공짜가 아니기 때문이다. 반드시 투자한 만큼 결과로 나타나게 되어있다. 단, 제품이 좋고, 마케팅을 효율적으로 한다는 가정하에서 말이다.

어떤 사업자들은 마케팅에 돈을 쓰는 것을 아깝게 생각하는 경향이 있다. 이들은 크게 두 부류이다. 마케팅을 통해 매출을 크게 띄워본 경험이 없거나, 혼자서 사업을 하는 경우다. 미안하지만 마케팅에 돈을 안 쓴다는 것은 그만큼 회사의 규모를 작게 잡고 간다는 것이

다. 회사를 키우려면 매출의 일정부분을 마케팅 예산으로 책정하고 자금계획을 세우는 것이 좋다. 이때 마케팅 예산에는 내부 마케팅팀의 증원도 포함된다는 것을 잊지 말아야 한다.

고객이 조직의 한 면과 접촉하여
서비스 품질에 대해 어떤 인상을 받는
모든 일을 '결정적 순간'이라고 한다.
— 칼 알브레히트

고객 한 명의 소중함을 잃는 순간, 모든 것을 잃을 수 있다

나는 아직까지 첫 고객을 잊지 못한다. 그 첫 고객은 길거리 강의에서 내 손에 1만원을 쥐어 준 어르신이다. 비록 어떤 것도 준비되지 않은 사업이었지만 그는 내게 돈을 지불했다. 그 1만원에 나는 자신감을 얻어 공격적으로 사업에 집중할 수 있었고, 지금의 나를 만들어 줬다고 생각한다.

메인플랫폼을 만들고 마케팅을 하다보면 고객이 늘어나게 된다. 물론 세팅을 잘했다는 가정하에서 말이다. 고객들이 많아질 때 실수를 하게 되는 부분이 바로 소통과 공감이다. 누군가는 이야기한다.

234 ⠿ PART 3 나만의 새로운 섬을 만들어라

"하루에 고객 1,000명이 방문하는데 어떻게 하나하나 신경을 써요?"

틀렸다. 이는 고객 한 명이 우리 사업에 관심을 가지기까지 얼마나 많은 노력과 정성을 들였는지 모르는 사람이 하는 이야기다. 나는 한 명의 고객의 소중함을 하루에도 여러 번 이야기한다. 기업은 고객이 없으면 존재하지 않는다. 고객 한 명의 소중함을 잃는 순간, 회사는 잘못된 방향으로 가게 된다. 나는 평소 확정적인 이야기를 즐겨하지 않지만, 고객을 생각하는 마음은 항상 확정적이다.

단 한 명의 고객에게 집중하는 것, 그들과 소통하고 공감하는 것, 판매를 넘어 그들에게 인생의 친구로 남겨지는 것 등 이런 것들이 기업문화에 깊이 자리잡아야 한다. 이는 기업 구성원들의 기본적인 인성과도 연결되고, 기업문화에도 큰 영향을 준다.

고객은 구매로 답을 한다. 고객을 팬으로 만들어라

왜 이토록 고객을 소중히 하라는 것일까? 나는 우리 사업을 가장 객관적으로 바라보는 사람이 컨설턴트나 전문가, 교수가 아닌 '고객'이라고 생각하기 때문이다. 고객은 우리에게 명확한 방향을 설정해주는 소중한 멘토이다. 그들은 직접 말로 표현하지 않지만 행동으로 우리에게 답을 준다.

"이봐 신 대표, 이번 제품은 너무 쓸모없는 걸?"

이런 말을 귀에 속삭이지는 않지만, 그들은 행동으로 답을 준다. 바로 매출이다. 어떤 제품이나 서비스를 출시하고 마케팅을 했는데 결과가 미미한가? 그리고 그 해답을 마케팅 전략이나 기획에서 찾고 있는가? 가장 빠른 해답은 고객이 가지고 있다. 그들은 그들이 구매하지 않은 이유를 그 어떤 컨설팅회사보다 명확하게 제시해 줄 수 있는 존재다.

그러므로 항상, 변함없이, 끊임없이 소통해야 한다. 만약 우리 기업을 열렬히 좋아해 주는 팬이 없다면 고객과의 소통을 놓치고 있는 것이다. 그리고 이것은 가장 큰 숙제이기도 하다. 고객의 마음을 얻는다는 것은 어떻게 보면 사업의 가장 큰 목표인 것이다.

그래서 우리는 고객 한 명 한 명과 소통을 시도한다. 구매의향을 묻는 것뿐만 아니라 일상적인 이야기도 하려고 노력한다. 잘되냐고? 아니, 어렵다. 그래도 멈추지 않는다. 중요한 것은 계속 노력하고 수정·보완하여 시도한다는 점이다. 여러분들의 사업도 이와 마찬가지다. 단 한 명의 고객이라도 회사의 팬으로 만들 수 있다면 그보다 멋진 사업은 없을 것이다.

고객후기를 활용하여 판매를 증진시켜라

이처럼 고객을 한 명 한 명 늘려 나가는 것은 매우 중요하다. 하지

만 언제까지 한 명씩 늘려 나갈 수는 없다. 어느 시점이 오면 2배로, 3배로, 10배로 고객을 늘려 나가야 한다. 여기에서 가장 강력한 무기는 실제 고객들의 사용후기이다.

우리의 제품을 선택한 고객들은 다들 어떤 부분에서 공통점을 가지고 있다. 영어학원을 운영한다면 고객들은 영어실력 향상이라는 공통된 니즈를 가지고 있다. 헬스장을 운영한다면 고객들은 건강한 컨디션과 몸매를 유지하고자 하는 공통니즈를 가지고 있다. 애견용품 쇼핑몰을 운영한다면 고객들은 반려견을 사랑하고 가꿔주고자 하는 공통니즈를 가지고 있을 것이다. 그렇다면 이들이 원하는 것은 무엇인가? 회사에서 준비한 멋들어진 광고가 이들의 마음을 움직일까? 아니다. 이들의 마음을 움직이는 것은 이들과 같은 공통니즈를 지니고 있는 평범한 사람들의 진심어린 목소리다.

뛰어난 마케터들은 이를 잘 활용한다. 그와 비슷한 상황에 처한 기존고객의 후기를 이야기하며 자연스럽게 제품의 필요성을 부각시킨다. 고객은 고민하다가 영상에서 나오는 진정성 있는 후기에 결국 제품의 구매를 결정한다. 예를 들어 SNS에서 화장품이 불티나게 팔리고 있는 이유는 다른 것이 아니다. 바로 제품을 눈앞에서 사용하며 변화를 이끌어내는 진정성 있는 후기 때문이다.

Tip

판매를 증진시키는 고객후기의 구성과 방법

1. 고객소개

고객 자신이 누구인지 소개한다. 단, 여기서 중요한 것은 실제 제품 사용 고객을 대상으로 해야 한다는 것이다. 많은 고객후기를 보면 짜고 치는 고스톱처럼 억지로 만들어졌다는 느낌이 든다. 물론 어느 정도의 연출이 들어갈 수는 있겠지만, 실제 고객에게 제품을 사용하게 하는 것이 중요하다.

2. 제품을 만나게 된 이야기

제품을 어떻게 만나게 되었는지에 대해 이야기한다. SNS를 보고 알았다거나 검색을 통해 알았다거나 우리가 만들어 놓은, 쉽게 우리 제품을 찾을 수 있는 루트를 이야기해야 한다. 이는 현재 이 후기를 보고 있는 고객과 같은 루트가 될 수도 있고, 새로운 루트를 알려주는 방법이 되기도 한다.

3. 제품을 사용하고 느낀 점

이 부분에서 억지로 과도한 연출을 하게 되면 자칫 그릇된 결과를

가져올 수 있다. 실제 고객이 사용하고 느낀 점을 담백하게 담아내는 것이 중요하다. 실제 제품을 구매하는 고객들이 과대광고에 속았다는 느낌을 받게 해서는 안 되기 때문이다. 단, 이 부분에서는 제품의 질과 내용이 확실하게 좋아야 한다. 가령 화장품이라면 제품 사용 전과 후가 눈에 띄게 바뀌어야 한다는 점이다. 여기에서 가망고객들의 마음이 확실히 움직이기 때문에 신경을 많이 써야 한다.

4. 제품구매를 고려하는 고객들에게 한마디

마지막은 제품 사용 전의 자신과 같은 사람들에게 한마디 첨언을 하는 것으로 마무리한다. 실제 진정성 있는 표현은 과도한 과대표현보다 훨씬 더 많은 구매전환율을 가져온다. 처음 사업하는 사람들은 어떻게 해서든 과도한 표현으로 극적인 결과를 기대하지만 고객에게 맡기는 편이 낫다. 과한 것을 요구했다가는 실제 구매고객마저도 다른 생각을 하게 될지도 모르니 말이다.

끊임없이 반복하라

우리가 할 수 있는 최선을 다할 때,
우리 혹은 타인의 삶에
어떤 기적이 나타나는지 아무도 모른다.
– 헬렌 켈러

사업의 큰 흐름을 깨닫는 것

사업은 즐거워야 한다. 물론 힘든 여정이 되겠지만 그 두근거리는 마음을 잃지 않는 것이 필요하다. 앞에서 언급했던 메인플랫폼을 만들고, 마케팅을 통해 메인플랫폼에 잠재고객을 유입시키고, 그들과 소통하며 매출을 올리는 것이 사업의 큰 흐름이다. 그리고 그 흐름을 끊임없이 반복하는 것이다. 단순 반복이 아닌, 시대의 흐름과 고객의 욕구에 맞춰서 반복하는 것이 중요하다.

나는 현재 회사를 3년째 키워오고 있다. 그리고 사업을 처음 시작했을 때나 지금이나 변치 않는 것은 항상 시장의 요구를 지켜보고 고

객의 반응을 살피며 회사의 방향을 설정하는 것이다. 이는 어떤 변화가 다가올지 알 수 없는 상황에서 매우 중요한 일이다.

사장병은 실제로 존재한다

회사가 어느 정도 성장하고 자리를 잡으면 특별한 노력을 하지 않아도 현금이 여유있게 돌기 시작한다. 내가 봤을 때 이 시기가 많은 오너들이 방심하는 순간이 아닐까 싶다.

나의 경우 첫 순수익이 월 2,000만원을 넘었을 때 그런 시기가 왔던 것 같다. 그때는 세상을 다 가진 것 같았다. 사업의 맥을 완벽하게 짚은 줄 알았다. 매출이 그대로 꾸준하게 이어질 줄 알았고, 회사는 계속 성장할 것 같았다. 완벽한 오토시스템이 만들어졌다고 착각했다. 그러다보니 회사에 출근해서 일을 하기보다는 사람들을 만나며 놀고 즐기는 것에 빠지게 되었다. 해결해야 할 일이 있으면 직접 해결하기보다는 누군가를 시켜서 해결하는 것을 택했다. 위임과 방임의 차이를 알지 못했다. 완전한 시스템을 갖추기도 전에 사장병에 걸려버린 것이다. 그 결과는 매우 참담했다. 실제로 나는 약 3개월 정도 회사 운영을 멀리 했다. 그 3개월 때문에 다시 회사를 살리는데 6개월이 넘는 시간을 쏟아야 했다. 물론 어떤 실무적인 일을 한 것은 아니었지만, 오너의 생각과 행동이 회사의 방향에 굉장히 큰 영향을 미

친다는 것을 미처 알지 못했기에 발생했던 일이었다.

오너의 역할은 매우 중요하다. 큰 결정을 내려야 할 때, 시장에 변화가 생겼을 때, 고객의 변심이 발견될 때 등의 큰 사건들은 오너와 핵심인재들이 발견해서 해결해야 하는 것들이다. 그리고 이런 것들은 단지 생각을 그곳에 집중하고 있으면 발견할 수 있다. 그런데 사업이 빠르게 성장한다고 초심을 잃는 순간 이러한 현상들을 놓치게 된다.

돈이 생기면 사람이 변한다는 말이 있다. 이 말이 나에겐 전혀 해당이 없는 말일 줄 알았지만 직접 손에 돈을 쥐어보니 나도 모르게 초심이 흐려지는 것을 경험했다. 다행히 3개월이라는 빠른 시기에 이런 상황이 생겼기에 정신을 차릴 수 있었다. 만약 그게 1년이 지난 시점이었다면 회복이 어려웠을 것이다. 따라서 사업이 성장을 시작할 때 초심을 잃지 않고 해왔던 일들을 관심을 가지고 꾸준히 지켜봐야 한다.

회사를 혼자서 책임지려 하지 마라

사장병과 독립을 혼동해서는 안 된다. 회사에서 완전히 손을 놓아도 되는 시기가 온다면 그때는 과감히 놓아야 한다. 그 시기는 사업에 관여를 하지 않아도 매출이 계속 성장하는 시기를 말한다. 즉, 사

업 구성원들이 사업의 맥을 짚고 전진할 때에는 그들이 마음껏 실력을 발휘하도록 해야 한다는 말이다. 실제로 그런 순간이 되면 오너는 더 이상 본인이 없어도 계속 성장할 수 있다는 기쁨과 함께 약간의 쓸쓸함이 같이 온다. 최근 광고회사에서 처음으로 10억원이 넘는 계약을 따냈을 때, 나는 성장한 광고회사를 바라보며 기쁨과 쓸쓸함을 함께 느꼈다. 함께 회사를 키워갈 때는 연매출 10억원을 간신히 넘겼는데, 그것을 한순간에 넘기는 사건은 여러 가지 묘한 감정을 불러일으켰다. 물론 기쁨의 감정이 훨씬 더 컸지만 말이다. 이렇게 오너가 한 발 뒤로 빠져도 성장을 하는 경우를 제외하고는 끊임없이 사업과 관련된 여러 가지 행위들을 반복해야 함을 잊지 말기를 바란다.

완전한 위임이 가능해졌는가? 새로운 사업을 시작하라

중요사안을 제외한 회사의 모든 것을 조직 구성원에게 위임했는가? 그렇다면 스스로에게 선물을 주고 새로운 사업을 시작하라! 삶을 즐기되, 원하는 목표를 이룰 때까지는 계속해서 정진하기 바란다. 혹시 벌써 원하는 삶에 도달했다면 삶을 즐기면 되는 것이다. 사업이 즐겁다면 또 다른 사업을 시작하면 되는 것이다. 새로운 멤버로(같은 멤버가 될 수도 있다) 새로운 사업을 일구어가는 것은 그 어떤 것보다도 즐거운 일이 아닐 수 없다.

2장 미친 듯이 실행하라 : **243**

> **Tip**

완전히 • 새로운 • 사업을 • 시작하는 • 방법

1. 인재를 사귄다

앞에서도 말했던 인재를 찾아야 한다. 함께 있으면 즐겁고 재미있는 사람이 있다. 목표가 정해지면 자신의 잠재력을 발휘하고 배움에 대한 깊은 열정과 타인과 함께 일하는 것을 즐겁게 여기는 사람, 실력을 언제든지 향상시킬 수 있게 몰입할 수 있는 사람, 그런 사람을 사귀어야 한다. 누군가를 통해 소개를 받을 수도 있고, 우연히 참석한 모임에서 만날 수도 있고, 세미나 현장에서 만날 수도 있다. 몇 마디 대화를 나누어 보고, 몇 차례 만나다보면 그런 인재를 만날 수 있을 것이다.

2. 함께 재미있는 그림을 그려본다

다시 새로운 시장에서 기회를 발굴해 보자. 세계인들이 느끼는 공통니즈 등 재미있게 시장조사를 해본다. 그리고 돈을 투자해서 시작할지, 처음부터 무자본으로 진행할지 이 단계에서부터 계획을 구체적으로 짜야 한다. 사업파트너의 역량을 정확히 파악하고(여기서 사업파트너는 대표이사로서 임무를 수행할 수 있을지 여부다) 사업을 진행하기

위해 필요한 팀원이 누구인지 그림을 그려본다. 여기에서 비즈니스 모델 찾기의 STEP 1~9를 진행한다. 하지만 어디까지나 그림을 그려보는 것이다. 우리가 그리는 그림이 언제나 시장에서 통한다는 보장이 없으니 말이다.

3. 새로운 멤버와 함께 새로운 사업을 진행한다

이제 그림은 모두 그려졌다. 남은 것은 새로운 멤버와 함께 재미있는 여행을 떠나면 된다. 기억하라. 첫 사업은 매우 배고픈 상태로 시작을 했지만, 지금부터 하는 사업은 그것과는 다르다. 사업을 하다가 자금이 필요해도 주말에 아르바이트를 하지 않아도 된다. 대출을 알아보지 않아도 된다. 주변 사람들에게 아쉬운 소리를 해가며 사업하지 않아도 된다. 안정적인 수익을 가져다 주는 사업체를 만들어 놨기 때문에 치열함과 즐거움, 열정이 샘솟는 문화는 유지하되 먹고 사는 걱정에서는 자유로워진 사업 진행이 가능해진 것이다(가끔은 이것이 반드시 좋은 걸까라는 생각을 하기도 한다).

물론 자금이 있다고 해서 사업이 잘되란 법은 없다. 결국 자금은 당장의 어려움을 해결해 주지만 근본적인 문제를 해결하는 것은 아니기 때문이다. 근본적인 문제를 해결하기 위해 접근해야 하는 것은 여전히 우리가 풀어야 할 오너로써의 숙제이다. 그 숙제를 풀었을 때 우리는 또 다시 하나의 사업을 키워내는데 성공하는 것이다.

부록 1 〈미핑캠퍼스〉 비즈니스 모델 구축사례

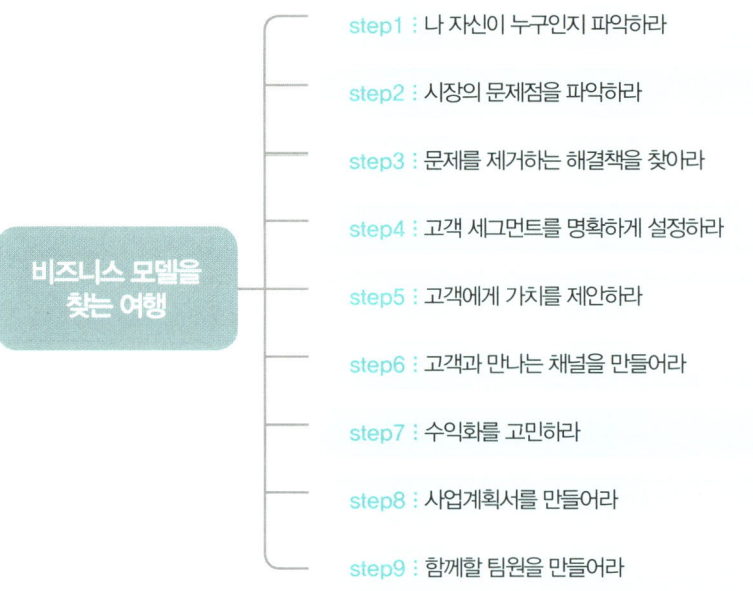

비즈니스 모델을 찾는 여행

step1 : 나 자신이 누구인지 파악하라

step2 : 시장의 문제점을 파악하라

step3 : 문제를 제거하는 해결책을 찾아라

step4 : 고객 세그먼트를 명확하게 설정하라

step5 : 고객에게 가치를 제안하라

step6 : 고객과 만나는 채널을 만들어라

step7 : 수익화를 고민하라

step8 : 사업계획서를 만들어라

step9 : 함께할 팀원을 만들어라

Step1 **나 자신이 누구인지 파악하라**

다음과 같이 스스로에게 질문을 하면서 자신과 이야기를 해보는 것이 매우 중요했다. 평소에 나는 내가 어떤 색을 좋아하는지도 선뜻 대답하지 못했던 상황이었다. 이는 타인에게 관심은 많지만 스스로 에게는 참 무심했던 과거가 아니었을까 싶다. 창업 전, 나는 스스로에 대한 정립이 필요했다.

: : 나의 강점은 무엇인가?

- 행동으로 옮기는 속도가 빠르다.
- 문제를 찾고 해결하는 것에 익숙하다.
- 한 가지를 깊게 파고들어 원리를 이해한다.
- 시간이 많다.
- 타인을 잘 이해시킨다.

:: 나의 약점은 무엇인가?

- 자존심이 세다.
- 완전한 창작에 어려움을 느낀다.
- 세밀한 전략을 세우는 것이 힘들다.
- 흥미가 없는 것은 필요함에도 즉시 처리하지 않는다.
- 불필요한 고집을 피울 때가 있다.

:: 좋아하는 것들은 무엇인가?

- 명예
- 새로운 것을 만드는 것
- 사업가라고 불리는 것
- 알고 있는 것에 대해 누군가에게 조언을 해주는 것
- 예측하고 결과를 기다리는 것

:: 싫어하는 것들은 무엇인가?

- 정답이 이미 정해져 있는 공부
- 누군가가 원치 않는 훈수를 두는 것
- 일만 하는 것
- 근거 없는 자만심
- 가난

:: 남들보다 눈에 띄게 잘했던 것은 무엇인가?

- 이해하기 쉽게 지식을 전달하는 것
- 팀원들과 결과를 만들어 내는 것
- 사람들과 조금 더 빠르게 친숙해지는 것
- 목표에 몰입하는 집중력
- 결과가 나타날 때까지 초조함 없이 기다리는 것

`Step2` 시장의 문제점을 파악하라

시장의 문제점은 언제나 사람들과의 대화에서 힌트를 얻을 수 있었다. 당시 나는 예비창업자들의 모임에 나가고 있었는데, 그 모임에 참여하면 대개 이런 대화들이 오고 갔다.

※ 어떻게 그 회사는 그렇게 빠르게 성장할 수 있었죠?
※ 비즈니스 모델을 어떻게 찾아야 할까요?

- 저는 직장을 가지고 있어요. 저도 사업을 할 수 있을까요?
- 마케팅은 어떻게 진행해야 할지 참 막막해요.
- 이 비즈니스 모델이 잘될 수 있을까요?
- 초기자금은 어떻게 해야 할까요?
- 제게는 고정지출이 있어요. 사업을 하더라도 꼭 벌면서 진행해야 합니다.
- 어떻게 하면 수익을 빨리 내는 것이 가능할까요?

당시 이런 대화를 주고받으며 조언을 얻기도 주기도 했다. 하지만 뭔가 뾰족한 해결책의 느낌을 받지 못했고, 다른 모임원들도 마찬가지였다. 항상 목이 말라 있었다. 그들과 계속 대화를 하다가 문득 스파크가 일어났다. 대략 30여 명이 모이는 그 모임에서 시장의 문제점을 발견한 것이다. 모임원 전원이 '창업교육'에 대한 갈증을 느끼고 있던 것이었다. 이는 나에게 굉장히 좋은 기회로 다가왔다.

시장의 문제점을 찾는 것은 사람들과 대화하며 그들이 원하는 것이 무엇인지 들어보는 것이다. 그리고 그들에게 그것이 어떤 문제를 일으키고, 삶에 어떤 영향을 미치는지 직접 물어보는 것이 핵심포인트다.

나는 모임원들 한 명 한 명을 붙잡고, 그들이 느끼는 불편함에 대해 듣기 시작했다. 그리고 몇 번의 모임에 더 참여한 뒤, 교육회사에 대한 피보팅(사업아이템 전환)을 고민했다.

부록1 〈미핑캠퍼스〉 비즈니스 모델 구축사례 : **249**

Step3 문제를 제거하는 해결책을 찾아라

나는 목표성취 교육회사에서 창업 교육회사로 피보팅을 고민하기 시작했다. 당시 나는 목표성취에 대한 교육회사와 광고회사를 키우고 있던 상황이었다. 시장에서 느끼는 문제점을 내가 해결할 수 있는지 생각해봐야 했다. 시장의 문제점을 내가 해결할 수 있을까?

❖ **어떻게 그 회사는 그렇게 빠르게 성장할 수 있었죠?**
⋯ 나는 큰 매출은 아니었지만 6개월만에 매출이 아닌 수익 4천만 원을 꾸준하게 달성한 경험이 있다.

❖ **비즈니스 모델을 어떻게 찾아야 할까요?**
⋯ 막무가내로 도전하는 내 방식만으로는 해결이 모호했다. 그래서 세계적인 창업전문가들의 비즈니스 모델 설정이론에 대한 공부와 함께 재정립이 필요했다.

❖ **저는 직장을 가지고 있어요. 저도 사업을 할 수 있을까요?**
⋯ 나는 직장에 다니면서 창업을 준비하고 사업화시켰던 경험이 있다.

❖ **마케팅은 어떻게 진행해야 할지 참 막막해요.**
⋯ 광고회사를 운영하면서 교육, 부동산, 금융, 제품, 어플, 홈페이지 등 다양한 비즈니스 모델의 광고를 진행하고 효과를 내게 했던 경험이 있다.

❖ **이 비즈니스 모델이 잘될 수 있을까요?**

··· 비즈니스 모델만으로 사업의 성패가 결정되지 않는다는 것을
   알고 있었다.

❖ **초기자금은 어떻게 해야 할까요?**

··· 무자본으로 창업을 시작해 회사를 키워가고 있는 상황이었다.

❖ **제게는 고정지출이 있어요. 사업을 하더라도 꼭 벌면서 진행해야 합니다.**

··· 온라인에서의 하루 2시간으로 200만원 이상의 수익을 내는 방
   법을 활용하고 있었다. 다만 정보가 퍼진다면 수익성이 떨어질
   것이기에 고민을 해야 했다.

❖ **어떻게 하면 수익을 빨리 내는 것이 가능할까요?**

··· 정량적인 교육이 될까라는 의문이 있었다. 당시 나에게도 숙제
   였기 때문에 케이스스터디 위주의 공부가 필요했다.

이런 식으로 시장의 문제점을 해결할 수 있는가가 중요하다. 창업
교육의 서비스를 운영하는 미핑캠퍼스의 경우는 앞서서 회사를 운영
하고 있는 상황이 많은 도움이 되었다. 그리고 내가 해결할 수 없는
것에 대한 해결책을 찾고 만드는 것이 필요했다. 이런 것들을 조합하
여 하나의 서비스를 탄생시키는 것이 가능하다.

Step4 **고객 세그먼트를 명확하게 설정하라**

해결책을 만들기 전에 확실하게 해두어야 할 것은 누구에게 제품
을 판매할 것인가이다. 나는 시장의 문제점과 해결책을 정리하기 전

부록1 〈미핑캠퍼스〉 비즈니스 모델 구축사례 **251**

예비창업자 모임에서 그 힌트를 찾았다. 그리고 이제는 고객을 설정할 차례였다.

예비창업자 전원에게 제품을 판매하기에는 살짝 모호한 타겟이었다. 너무 넓었다. 나는 타겟을 정밀하게 분류하기 시작했다.

1) 창업이 완전히 처음인 예비창업자

2) 직장을 다니면서 창업을 꿈꾸는 예비창업자

3) 안정적인 수익을 원하는 예비창업자

이렇게 고객을 나눈 뒤, 다시 한 번 종합하여 타겟을 설정했다.

직장을 다니며, 안정적인 수익을 원하는 첫 창업자

신기하게도 내가 창업을 시작할 때와 완벽하게 똑같은 타겟고객이 나왔다. 나는 이들에게 맞는 솔루션을 제공할 아이템을 만들었고, 이들의 반응을 확인해야 했다.

Step5 고객에게 가치를 제안하라

직장을 다니면서 안정적인 창업을 원하는 첫 창업자들이 어디에 모여있는지 알아야 했다. 판매포인트를 찾아야 하는 전략이 필요했는데, 사실 이것은 간단하게 해결이 가능했다. 타겟고객들이 몰려있는 곳은 모임장소였다.

그들은 직장을 마치고 평일 오후 혹은 주말에 활발하게 활동하는 성향을 가지고 있었다. 무언가 목표와 꿈을 가지고 있었기에 타오르

는 열정을 가지고 배움에 대한 열망이 대단했다. 나 역시 그랬다. 그들과 대화하면서 그들이 원하는 포인트를 더 알 수 있게 되었다.

'소모임'이라는 어플에서는 그런 모임이 수십여 개가 운영되고 있었다. '온오프믹스'라는 강의플랫폼에는 그들을 위한 충분히 많은 양의 강의가 열리고 있었다. 당연히 그들은 그곳에 모여들었다.

그들은 그들이 가지고 있는 문제점들을 해결하고 원하는 목표를 이루기 위해 끊임없이 시장에서 활동하고 있었다. 나 역시 그런 모임에 계속 참여하며 그들과 관계를 맺어갔고, 대화를 통해 프로토타입(시제품)인 나의 제품을 테스트할 수 있었다.

나는 그 모임장소와 강의플랫폼에서 무료강의를 열며 제품의 시장 반응을 체크했다.

Step6 고객과 만나는 채널을 만들어라

고객이 나의 제품을 볼 수 있도록 채널을 만들어야 했다. 당시 나는 메인채널을 커뮤니티 카페로 선정했고, 서브채널로 강의플랫폼 등을 통해 채널을 구축하고 있었다. 서브채널에서 고객을 첫 대면하고, 대면고객 중에서 관심을 가진 사람들을 카페로 넘기는 고객동선을 만들기 시작했고, 실행에 옮기며 테스트를 진행했다.

시장의 반응을 체크할 때에는 무료로 하는 것이 가장 빠르게 고객 반응을 체크할 수 있었다. 나는 '소모임'이라는 어플과 '온오프믹스'라는 강의플랫폼 그리고 기존에 활동하던 예비창업가 모임에서 1시

간 분량의 창업교육 프로토타입을 테스트했고, 시장에서의 피드백을 받아가며 제품을 수정해 나갔다.

그렇게 일정 테스트 기간이 흐르자 1시간 테스트 교육만으로도 정규교육 문의가 계속 들어왔다. 다만 아직 정규교육이 만들어지지 않았기에 시간이 필요했던 상황이었다.

Step7 수익화를 고민하라

수익화에서 고민할 것은 세 가지였다.

1) 제품이 그들의 문제를 해결할 수 있는가?
2) 가성비가 괜찮은가?
3) 제품과 고객을 어떻게 만나게 할 것인가?

3번은 이미 막힘없이 진행되고 있었고, 여러 번의 테스트 강의를 진행하면서 1번도 어느 정도 완료가 되었던 시점이었다. 이제 2번, 가격적인 부분만 남아 있었다. 첫 시작은 적정선이라고 생각한, 그러니까 고객에게 질문했을 때 나에게 돌아올 금액으로 설정을 했다.

당시 테스트 강의를 진행하면서 정규교육 문의를 받았을 때 교육비에 대한 질문을 반드시 했었는데, 여기에서 그들이 답변했던 평균값의 50%를 가격으로 결정하였다.

정규교육을 완성하자마자 창업교육 비즈니스 모델은 수익화가 되기 시작했다.

Step8 사업계획서를 만들어라

사실 창업교육회사는 사업계획서를 쓰지 않았다. 이 부분은 선글라스와 콘택트렌즈 유통회사인 〈미핑렌즈〉의 사업계획서를 부록 2에 첨부하였으니 참고하기 바란다.

Step9 함께할 팀원을 만들어라

창업교육회사는 수익화에 성공을 했을 때 혼자서 모든 것을 진행하고 있던 상황이었다. 다만 팀원의 필요성을 절실히 느끼고 있었다. 커뮤니티 관리부터 마케팅, 고객소통과 영업까지 모두 혼자 하고 있었기에 수익이 늘어가면서 팀원이 필요했다.

다만 아무나 팀원으로 함께할 수는 없었다. 첫째는 인성, 두 번째가 실력, 세 번째가 성장가능성과 태도였다. 이 조건들을 만족하는 팀원을 찾기 위해 수십 번의 면접을 봤지만 찾기 힘들었다. 그때 느꼈던 것이 아예 모르는 사람을 면접보는 것보다 주변 지인들의 추천을 받고 면접을 보는 것이 훨씬 효율적이었다는 점이다.

나는 팀원 모집을 한 달간 진행하여 마음에 드는 팀원을 찾았고, 현재까지도 함께하고 있다. 그는 미핑캠퍼스에서 매우 중요한 역할을 하고 있고, 책임을 가지며 목표를 향해 나아가는 멋진 팀원이다.

어떤 팀원과 함께하느냐에 대한 중요성은 말하지 않아도 느끼실 것이라고 생각한다.

부록2 〈미핑렌즈〉 사업계획서 사례

【별첨1】 입교 신청서

「○기 신사업창업사관학교」 입교 신청서

* 표지의 굵은 선 안은 기재하지 마시고 (*)는 필수 기재사항입니다.

관리번호		접수번호	
사업아이템(*)	콘택트렌즈 및 안경 B2B		
희망 교육장소(*)	☐ 서울 ☐ 부산 ☐ 광주 ☐ 대구 ☐ 대전		

입교신청자	성 명(*)	양○○	생년월일(*)	19○○년○ 월○○ 일
	전 화(*)	02-○○○-9641	핸드폰(*)	010-○○○○-6111
	이메일(*)	********@gmail.com		
	자택주소	서울 ○○구 ○○로 ○○-○○		

「신사업창업사관학교」운영지침에 따라 본 신청서를 제출하며 작성한 내용에 허위 사실이 있을 경우 선정취소 등의 불이익 처분에 동의합니다.

년   월   일

신청인 : 양 ○ ○ (인)

소상공인시장진흥공단 이사장 귀하

☐ 제출서류

1. 사업계획서 〈별첨1-1〉 1부
2. 개인정보 수집·이용/제공 동의서 〈별첨1-2〉 1부
3. 창업적성검사 결과표 원본 1부
4. 개인신용평가등급 확인서 사본 1부
5. 사실증명(사업자등록 사실 유무) 원본 1부
6. e-러닝 수강실적 증빙서류(해당자에 한함) 사본 1부
7. 창업업종과 관련 있는 자격증 증빙서류(해당자에 한함) 사본 1부. 끝.

【별첨1-1】사업계획서

「○기 신사업창업사관학교」사 업 계 획 서

| 1 | 입교신청자 현황 |

* 표지의 굵은 선 안은 기재하지 마시고 (*)는 필수 기재사항입니다.

관리번호	
사업아이템(*)	**콘택트렌즈 및 안경 B2B**
사업아이템 업종 분류(*) (한국표준산업분류)	□ 도매 및 소매업 □ 출판, 영상, 방송통신 및 정보서비스업 □ 전문,과학및기술서비스업 □ 교육서비스업 □ 보건업 및 사회복지 서비스업 □ 예술, 스포츠 및 여가관련 서비스업 □ 협회및단체,수리및기타개인서비스업 □ 기타

학력	기간		학교명	수학상태	전공	학위
	부터	까지				
				졸업, 수료, 중퇴		
				졸업, 수료, 중퇴		
				졸업, 수료, 중퇴		

학력	기간		주요 경력
	부터	까지	업무내용 및 전문기술 위주로 간단 기술

사업아이템 관련 주요 자격증	**안경사면허증**
사업희망아이템 관련 업종 근무기간	**총 ○○년○○개월**

* 신사업창업사관학교는 성장가능성이 높고 고기술 및 지식을 접목한 창의적인 아이템(사업) 보유자를
 중심으로 선정할 예정임으로 소상공인시장진흥공단에서 제시하는 신사업 아이디어를 참고하여 작성
 하여 주시기 바랍니다.
 ☞ 신사업 아이디어 확인방법 : 소상공인포털(www.sbiz.or.kr) 접속 → '신사업 아이디어'

부록2 〈미핑렌즈〉 사업계획서 사례 **257**

2	창업동기 및 창업계획

창업동기 및 신청사유(*)	저는 2002년부터 안경사로 안경원에서 근무하다 2009년도에 여의도에 안경원을 오픈해 운영했었어요. 10평 정도 매장을 2년 동안 혼자 운영하며 가장 힘들었던 것은 고객들에게 단가를 맞춰줄 수 없을 때였습니다

저는 2002년부터 안경사로 안경원에서 근무하다
2009년도에 여의도에 안경원을 오픈해 운영했었어요.
10평 정도 매장을 2년 동안 혼자 운영하며 가장 힘들었던 것은
고객들에게 단가를 맞춰줄 수 없을 때였습니다

안경 프랜차이즈 종류는 14곳이고, 가맹점 수는 1,500개가 넘어가고 있고
한 프랜차이즈에서 30~100개의 가맹점을 가지고 있습니다
한 프랜차이즈에서 안경모델을 주문하면 1만 개 이상 주문이 들어갑니다
소상공안경원들은 한 안경원에서 주문하는 갯수가 100개 넘기가
쉽지 않으니 10,000개와 100개의 단가가 같을 수 있을까요?

안경원의 주매출이었던 선글라스 역시 백화점, 면세점 같은 곳에서
다양한 명품브랜드와 다양한 디자인들을 판매하기 시작하면서
안경원에서의 선글라스 매출은 10%를 넘기기 힘든 실정입니다.

게다가 2010년부터는 콘택트렌즈만을 전문으로 판매하는
렌즈 전문 프랜차이즈들이 생겨나기 시작했습니다.
안경원 매출의 30%를 차지하고 점점 성장세에 있던 콘택트렌즈마저
고객들은 렌즈샵으로 빠져나가니 거인과도 같은 업체들과의 경쟁으로
작은 소상공안경원들은 하나둘씩 문을 닫거나 심각한 경영난에
허덕이고 있습니다.

점점 힘을 잃어가고 힘들어 하는 안경원들을 볼 때마다
근본적인 공급단가를 어떻게 낮출수 있을까? 고민하게 되었습니다.

작은 안경원들끼리 뭉칠 수 있는 공간을 만들면 어떨까?
한 안경원이 10,000개의 안경테를 구입할 수는 없지만
100곳의 안경원이 모여 100개씩 구매한다면?
소상공안경원들과 도매업체 두 곳 모두에게 이득을 줄 수 있을거라
생각하게 되었습니다.

	(예시) – 소상공인CEO의 전공, 관련분야의 경력과 신사업 아이템과의 관계 – 신청 업종 혹은 유사 전문 자격증 보유 여부(해당시) 및 기술(제품)개발 경험 – 과거 사업화 진행 경험 또는 프로젝트 수행 경력 등
창업아이템에 대한 전문성 (*)	안경광학과를 졸업하고 보건복지부에서 인정하는 국가 안경사자격증을 취득하였습니다. 약 10년간 안경원 근무와 운영을 했으며, 최근 2년간 마케팅회사에서 근무를 하였습니다. 안경원 근무와 운영을 하면서 안경원들의 애로사항을 누구보다 잘 알고 이해하고 있었습니다. 마케팅회사에서는 자연산 전복을 온라인으로 판매했었습니다. 특히 마케팅회사에서 온라인 판매를 할 때에는 어떻게 하면 '고객들이 사고 싶어할까?'라는 고민을 하게 되었고, 자연산 전복이다 보니 가격이 좀 높아 고객들이 쉽게 구입할 수 있는 제품은 아니었지만 '어떤 고객들에게 필요할까?' '나는 어떨 때 자연산 전복을 구매할까?' 하는 생각으로 고객들에게 접근하니 고객들의 많은 호응을 얻게 되었습니다. 또한 저의 남편 역시 10년 넘게 콘택트렌즈 업체를 운영 중이라 안경원과 도매업체의 입장을 둘 다 이해하는 상황에서 콘택트렌즈 B2B 모델을 생각하게 되었습니다.

창업 준비도 (*)	제가 준비하는 아이템은 B2B 모델로써 소상공안경원들에게 든든한 조력자가 되고 싶습니다. 한 번에 몇만 개씩 주문을 넣는 프랜차이즈와 몇십 개 주문하는 소매점과 공급가가 같을 수 있을까요? 첫 공급단가부터 다르기 때문에 고객들이 느끼는 소매점 안경원의 가격은 비쌀 수밖에 없습니다. 당연히 소매점에서 프랜차이즈 가격에 맞추면 마진이 없어 운영이 힘듭니다. 고객들은 어떨까요? 프랜차이즈 매장이 늘어나며 가격에 대한 부담은 줄어들었지만 고객들의 만족도는 반대로 떨어지고 있습니다. 안경이 자기 몸처럼 편안한게 얼마나 중요할까요? 추운 겨울날 목폴라를 입고 외출했는데 종일 간지럽고 까끌거린다면 목폴라를 당장 벗어버리고 싶은 생각에 사로잡힐 것입니다. 마찬가지로 안경은 얼굴에 쓰고 선명한 시력이 나오도록 도와주는 도구로써, 맞지 않는 안경을 쓰면 간지럽고 까끌거림보다 더 불편한 어지러움, 메스꺼움, 일상생활 불가능까지 느끼게 됩니다. 그래서 별 것 아닌 안경도구 같지만 소지자들은 자기 몸처럼 편안한 안경을 맞춰주는 곳을 찾아 헤매입니다. 프랜차이즈 업체의 직원들이 자주 바뀌고 편안한 시력을 위해 고민하는 것이 아니라 판매에 집중되는 모습을 보며, 전문가에게 편안한 안경을 맞추는 것이 고객들의 본능인데 이 본능을 묵살 당하는 느낌이 신뢰할 수 없고 만족감 역시 떨어뜨리고 있습니다. 프랜차이즈 안경원들은 본사에서 짜여진 매뉴얼대로 운영하지만 자신의 이름을 걸고 하는 소매점들은 고객들이 인정하는 실력을 지니고 있는 분들이 많습니다. 하지만 안경의 재고와 단가가 부담스러워 신제품 교체시기가 늦어지니 고객들은 프랜차이즈와 소매점 가운데서 방황하고 있습니다. 저의 신사업 아이템은 실력 있는 소매점들에게 가격경쟁의 힘을 주고 싶습니다. 프랜차이즈 같이 가맹비도 없고 월 유지비도 없지만 그들이 받는 공급단가로 공급받을수 있도록 해주는 시스템입니다. 신사업 아이템 서비스는 프랜차이즈 가맹점은 이용할 수 없고 소상공소매점만을 위한 서비스입니다.

창업 준비도 (*)	2015년 전국의 안경원 8,978개와 안경 프랜차이즈 가맹점 약 1,500개 중 소 상공안경원에 해당되는 업체는 약 6,000개 정도로 추정합니다 이들을 위한 서비스는 도매업체와 최저공급가의 물품 수를 맞추고 해당 안 경원들에게 어떤 업체의 제품이 성사될 수 있는지 푸쉬알림을 해줍니다. ○○브랜드 ○○모델 10,000개---〉 계약성사시 최저공급가 ○○원 이들은 수량 제한없이 단 한 장이라도 구매신청을 할 수 있습니다. 원하지 않는 제품이라면 구매신청을 하지 않아도 괜찮습니다. 도매업체가 원하는 수량이 채워지면 최저공급가로 신청한 안경원들에게 공급하고 수량이 채워 지지 않으면 구매는 무효가 되는 시스템으로 진행됩니다. B2B 창업을 진행함에 있어 이런 시스템을 사용할 업체와 소매점들이 없다 면 의미가 없다는 생각이 들어 업체들과 소매점을 직접 찾아가 참여의사 가 있는 분들에게 협약서를 받아왔습니다. 10개의 소매점에 방문해 10개 모 두의 협약서를 받아왔습니다.(별첨) 10군데의 소매점을 방문하며 빠르게 변화하는 콘택트렌즈 시장에 재고가 부담되고 있다는 의견을 들었습니다. 특히 첫 번째 방문한 소매점의 경우 렌즈 전문샵이 생기면서 안경원에서 콘 택트렌즈의 매출이 줄어들고 있다고 합니다. 빠르게 변화하는 렌즈를 구비 해 놓는 것이 부담스럽지만 찾는 이들이 많아 구비는 해놓고 싶다라는 안경 원들의 의견을 수렴하여 콘택트렌즈 업체와 첫 번째 거래약정서를 작 성했 습니다. 이 약정서를 보고 다른 10군데 안경원의 약정서를 받을 수 있었습 니다. 창업에 필요한 것은 웹페이지이며, 웹페이지가 활성화되면 모바일앱으로 진행 될 수 있도록 준비할 예정입니다. 홈페이지 제작을 통해 많은 안경원 사장님들이 아실 수 있도록 마케팅과 영 업이 필요할 것으로 예상하고 있습니다.

기타사항 (*)	침체되어 있는 안경시장에 변화가 필요하다고 생각합니다. 시대는 빠르게 변화하고 있는데 소매안경원들은 변화와 도전을 두려워합니다. 하지만 고객들에게 신뢰를 되찾는 방법은 조금씩 변화하려고 노력하는 모습이라고 생각합니다. 저의 장점은 사람들과 소통하고 편안하게 지내는 것입니다. 아마도 사람을 좋아해서 그런 것 같습니다. 이러한 저의 장점을 살려 위축되어 있는 소매안경원들과의 소통으로 천천히 변화를 시도하려고 합니다. 변화와 도전을 두려워하는 이들에게 안전한 시스템을 구축하고 서서히 변화할 수 있도록 도와주고 싶습니다. 안경사협회에서 조사한 100곳 중 74곳에서는 제조사의 교육과 소비자 홍보를 원하고 있었습니다. 제조업들을 통해 콘택트렌즈, 안경테 등 다양한 아이템들이 성사되면 약 6,000개의 원하는 디자인으로 OEM형태의 제작도 가능해지고 제조업과 계약하는 것보다 더 낮은 단가의 계약이 성사될 것입니다. 아이템들이 하나둘씩 자리잡으면 홈페이지와 앱을 통해 소상공 안경원들에게 온라인 홍보하는 법, 고객응대교육, 신제품교육 등 다양한 교육을 온라인으로 제공하고 싶습니다.

* 사업계획서 제출양식은 제시된 규격 안에서 작성하여 주시고, 창업아이템 및 사업계획서와 관련된 추가적인 설명자료는 자유양식으로 〈별첨〉으로 제출하여 주시기 바랍니다

3	아이디어 소개서

1. 아이디어 기본정보(해당사항에 √ 표시)

아이디어명	제안하고자 하는 아이디어에 대하여 20자 내외로 명료하게 표현
아이디어 원천	□ 신사업 수록 아이디어(최근3년간) □ 신규 아이디어
사업화유형 (복수분류)	□ 제조기반 □ 상품기반 □ 일반생활서비스기반 □ 전문지식기반 □ 웰빙복지분야
사업장분류 (단일분류)	□ 점포형 □ 사무실형 □ 이동형무점포 □ 재택형무점포 □ 기타복합형
투자규모 (단일분류)	□ 1천만원이하 □ 1~3천만원 □ 3~7천만원 □ 7천~1.5억원 □ 1.5억 이상

2. 아이디어 소개(서술식으로 자유롭게 작성)

주요내용	소상공안경원과 제조업체를 연결해 주는 B2B 서비스. 대형 프랜차이즈에서 대량주문으로 최저가 공급가를 받는 것처럼 약 6,000개 소상공안경원들이 우리 아이템을 통해 공동주문할 수 있는 시스템. 수익성 1. 제조업체와의 제품계약 수수료 10% 2. 안경테, 콘택트렌즈 등 OEM 생산 3. 교육프로그램 수익
주고객 및 이용대상	● 소상공에 해당되는 소매안경원 ● 대형 프랜차이즈 가맹점들은 제품회전율이 빠르게 진행되나 소매안경원들은 재고부담으로 제품회전율이 낮은 편 ● 약 6,000개의 소매안경원이 모여 색다른 프랜차이즈형태로 소매점의 제품회전율을 높이고 재고율을 낮추는 시스템 접목

유사창업사례 및 차별성	• 소매점을 상대로 하는 도매사이트들이 있으며 　1장만 구매해도 된다는 문구로 소매점을 끌고 있으나 　이 곳 역시 1장 구매가와 100장 구매가의 단가가 다름 • 1장 구매라도 구매할 수 있는 것은 좋으나 　우리 시스템처럼 원하는 수량이 채워지면 1장을 주문한 소매점과 　100장을 주문한 소매점에게 공급되는 가격이 같다는 점이 　가장 큰 차별점이고, 소매점들이 스스로 참여 유도를 하는 　방식이 다르다고 생각합니다.
수익성 및 성장가능성	• 소상공인에 해당되는 소매안경원들의 가장 큰 고민을 해결해 　주는 시스템이라 자신이 원하는 아이템이라면 주문하기 편안하고 　아이템이 성사되는 것과 안 되는 것을 보면서 　안경시장의 트렌드를 이끌어갈 수 있음 • 제조업과 계약성사시 수수료 10% 창출 • 소매점들의 요구에 맞는 디자인으로 OEM 생산해 이익 창출 • 웹과 앱에서 교육프로그램 결제이익 창출 • 약 2년 후에는 소매점 디자인으로 생산된 OEM 제품으로 　수출 성장가능성

* 아이디어 소개서 제출양식은 제시된 규격 안에서 작성하여 주시기 바랍니다

프롤로그

꿈을 이루며…

행복하게 여행하려면 가볍게 여행해야 한다.
— 생텍쥐페리

내 꿈은 행복한 삶을 사는 것이다. 누군가는 꿈은 구체적이어야 한
다고 말하지만 나는 여전히 행복한 삶을 꿈꾸고 있다. 현재 나는 내
꿈을 이루며 살고 있고, 행복한 삶이 계속되고 있다고 믿고 있다.

이것은 사업이 잘되고 안 되고를 떠난 내면적인 평화를 찾았다는
안도감이 큰 이유일 것이다. 물론 한강에 투신했을 때의 상황이나 경
제적인 어려움에서 벗어난 탓이 크지 않을까 생각된다. 내면이 평화
로우니 작은 분쟁들이 일어나도 오히려 마음이 차분하고 고요하다.
옛날 〈호오포노포노의 비밀〉이라는 책을 읽었을 때는 그 의미를 미
처 알지 못했다. 내면의 평화를 느끼지 못했을 시기였으니까 말이다.
하지만 이제는 그 의미를 찾은 느낌이 든다.

인생은 정말 근사한 일의 연속이다. 이 느낌은 내가 천호대교에서
뛰어내리지 않았더라면, 사업에서 성과를 내지 못했더라면 결코 느

끼지 못했을 것이다. 이 느낌을 가능한 많은 분들에게 전달하고 싶다. 책을 쓴 이유도 그것에서 찾을 수 있다.

첫 사업을 조금이라도 더 잘하도록 도움을 주고 싶었다. 그들이 빛나는 꿈을 안고 시작한 그 일이 좋은 결과를 내도록 보탬이 되고 싶었다. 이 책을 통해 단 한 명이라도 도움이 되는 사람이 있다면 나의 첫 책은 성공한 것이라고 생각한다.

책이 출간될 즈음이면 나는 그동안 미뤄왔던 6번째 사업을 시작하고 있을 것이다. 아마 이 책의 독자들이 지금 느끼는 어려움을 나 역시 6번째 사업에서 똑같이 느낄 것이다. 분명 그럴 것이다. 사업에는 정답이 없기 때문이다. 나는 몇 가지 사업에서 흑자경영을 하고 있지만, 모든 사업에서 흑자경영을 할 것이라고 장담하지 않는다. 여전히 사업은 나에게 가슴 떨리는 모험이고, 무엇이 언제 어떤 방식으로 나타날지 궁금하기도 하다. 그런 순간들을 구성원들과 함께 헤쳐 나갈 때 나는 여전히 즐거움을 느끼며 살아있음을 느낀다.

이제 내게 선물을 주었으니 다시 새로운 사업을 시작할 수 있을 것 같다. 그때 우리는 같은 어려움을 헤쳐 나가는 동료가 되어 있지 않을까? 우리가 도울 일이 있다면 언제든 연락하기를 바란다.

우리 모두의 사업에 평화가 가득하길 바라며…

단기간에 수익만 월 1억을 넘는 신화를 이룬 저자의 비즈니스 스타일이 궁금했는데 이렇게 비법서가 나왔다. 금맥과도 같은 내용들이며 창업의 필수도서로 감히 추천한다. 창업은 하고 싶지만 시작하기 두렵다면 이 책을 읽어라! 나도 사업을 하면서 어떻게 할지 몰라 맨땅에 헤딩하면서 몸소 겪은 내용들이 여기에 다 들어있다. 바로 실천하고 적용할 수 있는 책이기에 창업을 준비하는 사람들에게는 한줄기의 빛이 될 거라고 확신한다.

한 사람의 젊은 창업가의 인생이 파노라마처럼 그려지는 한 편의 소설같네요. 저자가 사업가로 성장해 가는 과정에서 실패의 경험까지도 솔직하게 털어놓은 것이 다른 책들과 많이 다른 것 같아요. 한 5년쯤 뒤 얼마나 더 성장할지 가늠이 되지 않는 뛰어난 사업가라는 생각이 들고, 아무 자산없이 열정만 가진 새내기 창업자들에게 이보다 더 좋은 롤모델이 있을까요?

내가 상상하고 있는 사업을 현실로 만들고 싶은 사람이라면 꼭 읽어봐야 할 책! 저자는 뜬구름 같기만 했던 상상 속의 일들을 실천할 수 있게 도와주며, 넘치는 아이디어로 사업에 생명력을 넣어준다. 이 책은 이론적이고 평범한 강의나 책이 아닌, 결과로 보여줄 수 있는 지식을 주고 있다. 책을 든 순간 당신이 이제껏 그려온 상상이 현실이 될 것이다.

우리 모두에게는 다른 사람들이 더 나은 삶을 살도록 영감을 주는 인생이야기와 능력이 있다. 이 책은 성공적인 사업을 꿈꾸는 이들에게 가감없이 그 방법과 노하우를 공개하고 있다.

이 책은 나의 사업과 인생에 불을 붙였다! 그저 초기 원고를 읽었을 뿐인데 인생의 열정을 경험했고, 무엇보다 내 사업은 단 3개월만에 5배의 성장을 이룰 수 있었다!

평생 직장생활을 원하지 않는다면… 노후생활을 준비하고 싶다면… 창업에 도전하기를 원한다면… 사업을 배우기를 원한다면… 이 책을 읽는 것만으로도 어쩌면 당신에게도 멋진 성공의 기회를 만날 수 있을 것이다.